文系教師のための理科授業ワークシート

3年生の全授業

全単元・全時間を収録!

ワークの記入例に沿って指示を与えれば即授業が成立!

福井広和・國眼厚志・高田昌慶 著

明治図書

はじめに

　小学校の先生の8割以上は文系であり，理科に苦手意識をもっていると言われています。これは仕方のないことなのですが，先生が自信なさそうに授業をしたのでは，子どもたちも理科が嫌いになってしまいます。それでは困ります。そこで理科の苦手な先生をサポートしようと企画したのが『文系教師のための』シリーズです。おかげさまで『理科授業note』に始まる本シリーズはたくさんの先生方に読んでいただき，「理科授業に自信が持てるようになった」といったうれしいお便りをたくさん頂いております。

　今回は「すぐ使えるワークシート」をコンセプトに著しましたが，これまで同様，理科の得意な人にしかできないようなマニアックな技術ではなく，誰がやっても効果の上がる確かな実践やコツをまとめてみました。小学校の先生は基本的に空き時間がほとんどなく，図工・体育・音楽・書写…と準備・片付けの必要な科目ばかりで，短い休み時間もバタバタと走り回っているのが現状なのではないでしょうか。本書は，そんな忙しい先生方を想定して作っています。

　じっくりと読み深める余裕がなくても，理科室に行ってパッと本書を開いてください。授業の大まかな流れもワークシートの記入例も載っています。1分間だけ斜め読みして，すぐ授業‼　教科書と本書を教卓に並べて広げたまま授業をしてください。ワークシートを配り，記入例のようになるよう児童に指示を与えていけば，気がつけば理科の授業が成立しているはずです。

　「ベテラン教師のワザをどの先生にも！」が我々執筆者の合言葉です。時間があればワークシート例の横に配置した「指導のポイント」もお読みください。

　理科嫌いが問題だと言われて久しいですが，子どもたちは決して理科嫌いではありません。何が問題なのかを意識させ，自分なりの予想を立てて友達と意見をぶつけ合い，最後は実験ではっきりさせる。そんな基本的な学びの場を保障してあげることができれば，子どもたちは理科好きになるのです。先生自身が授業に自信をもち，理科を好きになってくれることを願ってやみません。

　　　　　　　　　　　　　　　　　　　　　　　　　　　福井　広和・國眼　厚志・高田　昌慶

この本の使い方

本文をサッと読んでワークをコピーしたら,すぐ授業ができます!

本書は授業の準備に時間をかけず,パッと見て,すぐ授業できることを目指しました。しかし理科ですから準備は必要ですし,安全への配慮をお願いしたいこともきちんと記しています。

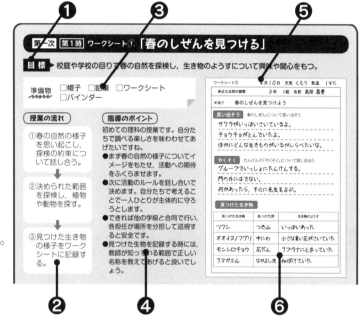

❶ **本時の目標**

1単元の中で「育成する資質・能力」を網羅できるよう設定しています。

❷ **授業の流れ**

大まかな授業の進め方の例です。ワークシートをどこで使うのが有効か示しています。

❸ **準備物**

教師および児童の準備物です。チェックボックスに☑を入れて準備してください。

❹ **指導のポイント**

安全面の留意点,実験・観察のコツ,ベテランの知恵袋,学習内容に関連した科学のうんちく…等のひとくちコメントを書いています。時間があれば,ぜひ読んでください。

❺ **時期・天気・気温**

岡山県岡山市の天気・気温を例示しています。理科の授業は天気に左右されます。それぞれの地域の実態にあわせて単元計画を立てる時の参考にしてください。

❻ **ワークシート記入例**

典型的な児童の記入例を載せています。これはあくまで参考であり,こうなるように指導しなければいけないというものではありません。児童が自分の頭で考えて書いたものが1番です。

ワークシートの保存・活用

毎時間に書いたワークシートはクリアファイルなどに保存します。そして単元の終わりに取り出して並べ,振り返りをします。そうすることで単元全体を概観し,学習の意味づけをすることができます。特に生物単元は長期間にわたって他の単元と並行して進めるのでポートフォリオ型の保存・活用・評価法が有効です。

目次

はじめに…002
この本の使い方…003
3年生理科の特徴…008

1 身近な自然の観察…10

第一次　身近な自然の観察
　解説とワークシートの解答　ワークシート
- 第1時　春のしぜんを見つける…① ——— 11 ——— 16
- 第2時　虫めがねの使い方になれる…② ——— 11 ——— 17

第二次　生き物のすがた
- 第1時　植物のようすを観察する…③ ——— 12 ——— 18
- 第2時　動物のようすを観察する…④ ——— 12 ——— 19

第三次　調べたことをつたえ合う
- 第1時　植物について発表する…⑤ ——— 13 ——— 20
- 第2時　動物について発表する…⑥ ——— 13 ——— 21

ポイント解説 ——— 14

2 植物の成長と体のつくり…22

第一次　たねをまく（4月下旬〜5月上旬）
　解説とワークシートの解答　ワークシート
- 第1時　たねを観察し，まく…① ——— 23 ——— 28
- 第2時　めが出た後のようすを観察する…② ——— 23 ——— 29
- 第3時　植え替えをする…③ ——— 24 ——— 30

第二次　植物の育ちとつくり（5月〜6月）
- 第1時　茎の高さをグラフにする…④ ——— 24 ——— 31
- 第2時　植物のからだのつくりを調べる…⑤ ——— 25 ——— 32

第三次　植物の一生（7月〜9月）
- 第1時　花の様子を調べる…⑥ ——— 25 ——— 33
- 第2時　実の様子を調べる…⑦ ——— 26 ——— 34
- 第3時　植物の一生をまとめる…⑧ ——— 26 ——— 35

ポイント解説 ——— 27

3 昆虫の成長と体のつくり…36

第一次　チョウの育ち
　解説とワークシートの解答　ワークシート
- 第1時　よう虫のえさ…① ——— 37 ——— 43
- 第2時　たまごのようす…② ——— 37 ——— 44
- 第3時　よう虫のようす…③ ——— 38 ——— 45

	解説とワークシートの解答	ワークシート
第4時　羽化するようす…④	38	46
第5時　チョウの育ち…⑤	39	47

第二次　チョウの体のつくり
第1時　せい虫の体のつくり…⑥	39	48

第三次　いろいろなこん虫のかんさつ
第1時　こん虫のすがたとすみか…⑦	40	49
第2時　こん虫の体のつくり…⑧	40	50
第3時　こん虫の体の育ち…⑨	41	51

ポイント解説		41

4　風とゴムの力のはたらき…52

	解説とワークシートの解答	ワークシート

第一次　導入
第1時　風やゴムは何に利用されているだうか…①	53	58
第2時　風やゴムで物を動かしてみる…②	53	59

第二次　風の力を調べる
第1時　いろいろな風を当てて車を走らせる…③	54	60
第2時　風の強さと車の走る距離を調べる…④	54	61

第三次　ゴムの力を調べる
第1時　ゴムの伸びと車の走る距離…⑤	55	62
第2時　ゴムの本数と車が走る距離…⑥	55	63

第四次　発展学習（プロペラカー）
第1時　風やゴムの力で車を動かす…⑦	56	64
第2時　実験の記録を残す…⑧	56	65

ポイント解説		57

5　太陽と地面の様子…66

	解説とワークシートの解答	ワークシート

第一次　太陽とかげ
第1時　かげふみをして遊ぶ…①	67	72
第2時　太陽はかげのどちら側にあるか…②	67	73
第3時　かげの向きと太陽の位置1…③	68	74
第4時　かげの向きと太陽の位置2…④	68	75

第二次　日なたと日かげの地面
第1時　日なたと日かげの地面の様子の違いをくらべる…⑤	69	76
第2時　日なたと日かげの地面のあたたかさの違いをくらべる…⑥	69	77

ポイント解説		70

6 光の性質…78

		解説とワークシートの解答	ワークシート
第一次	はね返した日光の明るさと進み方		
第1時	鏡で日光をはねかえしてみる…①	79	84
第2時	鏡で光のリレーをする…②	79	85
第二次	はね返した日光の暖かさ		
第1時	光の当たったところの暖かさ…③	80	86
第2時	光を重ねてみる…④	80	87
第三次	集めた日光		
第1時	虫めがねで光を集める…⑤	81	88
第2時	色とあたたまり方…⑥	81	89
ポイント解説			82

7 音の性質…90

		解説とワークシートの解答	ワークシート
第一次	音が出る時		
第1時	音が出る物を思い出す…①	91	96
第2時	音が出る物を観察する…②	91	97
第二次	音の大きさを変えると		
第1時	音のふるえを目で見る…③	92	98
第2時	音の大きさとふるえの関係…④	92	99
第三次	音を伝える		
第1時	音はどんな時に伝わるか…⑤	93	100
第2時	50m糸電話に挑戦…⑥	93	101
ポイント解説			94

8 電気の通り道…102

		解説とワークシートの解答	ワークシート
第一次	明かりがつくつなぎ方		
第1時	明かりがつくとき・つかないとき…①	103	108
第2時	＋（プラス）極と－（マイナス）極…②	103	109
第3時	導線を長くしてみよう…③	104	110
第4時	ソケットなしで明かりをつける…④	104	111
第二次	電気を通すもの・通さないもの		
第1時	テスターを作る…⑤	105	112
第2時	テスターで調べる…⑥	105	113

第三次　電気を利用したおもちゃ作り

- 第1時　おもちゃ作りの計画…⑦　　解説とワークシートの解答 106　　ワークシート 114
- 第2時　おもちゃ作りと発表会…⑧　　106　　115

ポイント解説 … 107

❾ 磁石の性質…116

第一次　じしゃくにつく物
- 第1時　じしゃくにつく物／つかない物…①　　117　　122
- 第2時　じしゃくの引きつける力…②　　117　　123

第二次　極のせいしつ
- 第1時　じしゃくのよく引きつけるところ…③　　118　　124
- 第2時　2つのじしゃくを近づけると…④　　118　　125

第三次　じしゃくと方位・じしゃくになるもの
- 第1時　じしゃくがとまる極の向き…⑤　　119　　126
- 第2時　じしゃくにつけた鉄…⑥　　119　　127

第四次　じしゃくを利用したおもちゃ作り
- 第1時　おもちゃ作りの計画…⑦　　120　　128
- 第2時　おもちゃ作りと発表会…⑧　　120　　129

ポイント解説 … 121

❿ 物と重さ…130

第一次　身の回りの物の重さ比べ
- 第1時　重さって何？…①　　131　　136
- 第2時　身の回りの物の重さを比べる…②　　131　　137

第二次　物の形と重さ
- 第1時　上皿天秤の使い方を知る…③　　132　　138
- 第2時　身の回りの物の重さをてんびんではかる…④　　132　　139
- 第3時　物は形が変わると重さも変わるか調べる…⑤　　133　　140
- 第4時　物の形と重さについてもっと調べる…⑥　　133　　141

第三次　物の体積と重さ
- 第1時　電子天秤の使い方を知る…⑦　　134　　142
- 第2時　同じ体積の物の重さ比べ…⑧　　134　　143

ポイント解説 … 135

3年生理科の特徴

1 「比較」して考える

新学習指導要領では育成を目指す資質・能力として次の三つの柱が示されています。
　ア．生きて働く「知識・技能」の習得
　イ．未知の状況にも対応できる「思考力・判断力・表現力等」の育成
　ウ．学びを人生や社会に生かそうとする「学びに向かう力・人間性等」の涵養
これを実現するのが「主体的・対話的で深い学び」であり，「見方・考え方」を働かせることが重要になると述べられています。

理科における「見方」は4つの領域で次のように特徴づけられています。
　　エネルギー領域：主として量的・関係的な視点
　　　　粒子領域：主として質的・実体的な視点
　　　　生命領域：主として共通性・多様性の視点
　　　　地球領域：主として時間的・空間的な視点
問題解決の過程における「考え方」は次のように整理されています。
　　　　　　比較：複数の事物・現象を対応させ比べる方法
　　　　関係付け：因果関係など，事物・現象を結び付けて考える方法
　　　　条件制御：調べる要因と統一する要因とを区別して調べる方法
　　　　多面的思考：自然の事物・現象を複数の側面から考える方法

4つの考え方はいずれの学年においても育成していきますが，特に3年生では「比較しながら調べる」ことを意識して指導します。チョウとバッタの成長の仕方を比べる，春の自然の様子と秋を比べる，電気を通すものと磁石につくものを比べる…。比べることでその性質がはっきりと分かるようになります。

2 生き物に翻弄される

　3年生の1学期は生物教材が集中しています。植物の種を蒔いて，芽が出て，茎が伸びて，花が咲いて，実ができる。モンシロチョウの卵を観察し，アオムシを育て，蛹になり，羽化して飛び立つ。それら一連の観察は生き物次第。教科書通りには進んでくれません。

　「身近な自然の観察」「植物の成長と体のつくり」「昆虫の成長と体のつくり」の3単元は同時進行し，生き物に変化が見られたら時機を逃さず授業します。下表はある年の授業運営の様子です。

日	曜	気温	天気	単元名	時	学習内容
4/19	水	23.0	快晴	身近な自然の観察	4	動物のようすを観察しよう
4/20	木	17.7	曇一時晴			
4/21	金	20.8	曇	昆虫の成長と体のつくり	1	よう虫のえさを調べる
4/22	土	21.6	曇時々晴			
4/23	日	20.9	快晴			
4/24	月	22.7	快晴	植物の成長と体のつくり	1	たねを観察し，まこう
4/25	火	24.2	曇一時晴			
4/26	水	16.9	雨	身近な自然の観察	5	植物について発表しよう
4/27	木	19.4	薄曇			
4/28	金	22.1	快晴	昆虫の成長と体のつくり	2	たまごのようすを観察する

3 天気に翻弄される

　3年生10単元の内，「身近な自然の観察」「植物の成長と体のつくり」「昆虫の成長と体のつくり」「太陽と地面の様子」「光の性質」の5単元は天気に左右されます。特に，「太陽と地面の様子」と「光の性質」は日光による光と影の学習なので，雨が降っていなくても，晴天でなければ授業ができません。ワークシート解答入りの欄外に「晴れの国」と呼ばれる岡山県での実際の天気をデータとして載せていますのでご参照ください。おそらく他の都道府県の3年生の教室では，もっと天気に翻弄されながら理科の授業時間確保に苦労されているのではないかと推察します。学級担任の先生は国語や算数などの時数の多い教科と差し替えて，晴耕雨読，いや「晴理科雨国語」で乗り切っているようです。その場合，天気と授業の実施記録を残しておき，後できちんと説明できるようにしておきます。しかし，難しいのは理科専科の先生です。昔の戯れ歌風に言うなら「理科専科殺すにゃ刃物は入らぬ，雨の三日も降ればいい」です。恨めしげに空を見つめていてもどうしようもありません。そんな時，ワークシートが活躍します。ポートフォリオファイルに貯めておいた既習のワークシートを広げて整理させ，新聞作りをしたり，発表会の準備をさせたりします。振り返ることで学びが深まり，定着します。

1 身近な自然の観察

本単元は，3年生最初の単元です。3年生になって初めて学習する理科に子どもたちは興味津々です。理科というとすぐに「実験」が頭に浮かんでくるでしょう。薬品を使ったり，物を作って飛ばしたり…。そんな思いの中，最初に行うのは「観察」で，しかも内容は生活科でやったことのある活動と酷似しています。せっかく初めて理科を学習するのに，「なーんだ，生き物たんけんならやったことあるよ」と言われないためにも，理科学習のポイントをきちんと押さえておきましょう。

育成する資質・能力

【知識及び技能】

身の回りの生物について，探したり飼育したりする中で，様子などを比較しながら調べる活動を通して，生物は，色，形，大きさなど，姿に違いがあることや，周辺の環境と関わって生きていることを理解する。

【思考力，判断力，表現力等】

身の回りの生物の様子について追究する中で，差異点や共通点を基に，身の回りの生物と環境との関わりについての問題を見いだし，表現する。

【学びに向かう力，人間性等】

身の回りの生物の様子について追究する中で，生物を愛護する態度や主体的に問題解決しようとする態度を養う。

単元の構成　※丸付数字はワークシートの番号

第一次　身近な自然の観察
- 第1時　春のしぜんを見つける…①
- 第2時　虫めがねの使い方になれる…②

第二次　生き物のすがた
- 第1時　植物のようすを観察する…③
- 第2時　動物のようすを観察する…④

第三次　調べたことをつたえ合う
- 第1時　植物について発表する…⑤
- 第2時　動物について発表する…⑥

解説とワークシートの解答

第一次 第1時 ワークシート① 「春のしぜんを見つける」

目標 校庭や学校の回りで春の自然を探検し、生き物のようすについて興味や関心をもつ。

準備物
□帽子 □鉛筆 □ワークシート
□バインダー

授業の流れ
① 春の自然の様子を思い起こし、探検の約束について話し合う。
② 決められた範囲を探検し、植物や動物を探す。
③ 見つけた生き物の様子をワークシートに記録する。

指導のポイント
初めての理科の授業です。自分たちで調べる楽しさを味わわせてあげたいですね。
●まず春の自然の様子についてイメージをもたせ、活動への期待をふくらませます。
●次に活動のルールを話し合いで決めます。自分たちで考えることで一人ひとりが主体的に守ろうとします。
●できれば他の学級と合同で行い、各担任が場所を分担して巡視すると安全です。
●見つけた生物を記録する時には、教師が知っている範囲で正しい名称を教えてあげると良いでしょう。

ワークシート①　4月10日 天気 くもり 気温 14℃
身近な自然の観察　3年　1組 名前 髙田 昌慶
めあて　春のしぜんを見つけよう

思い出そう 春のしぜんについて思い出そう
- サクラがいっぱいさいているよ。
- チョウチョがとんでいたよ。
- ほかにどんな生きものがいるかしらべたいな。

やくそく たんけんの「やくそく」について話し合おう
- グループでいっしょにたんけんする。
- 門の外にはでない。
- 何かあったら、すぐに先生をよぶ。

見つけた生き物

見つけた生き物	見つけた所	生き物のようす
ツクシ	つき山	いっぱいあった
オオイヌノフグリ	中にわ	小さな青い花がさいていた
モンシロチョウ	花だん	アブラナにとまっていた
アマガエル	なかよし池	ねぼけていた

第一次 第2時 ワークシート② 「虫めがねの使い方になれる」

目標 虫めがねの有用性を知り、安全で正しい使い方を身につけさせる。

準備物
□虫めがね（小さな高倍率レンズもついているものが望ましい：×2.5と×5など）
□画用紙 □黒マジック

授業の流れ
① 黒くぬった画用紙に虫めがねで光を集め、危険だということを理解する。
② 対象が動く時と動かせない時の虫めがねの使い方を理解する。
③ 虫めがねの使い方をワークシートにまとめる。

指導のポイント
●最初の晴れた日に実施してください。
●画用紙片に黒マジックで目を描きます。虫めがねで日光を集光し、描いた黒目にかざすと、煙が上がります。短時間で穴が空くので、子どもたちは怖がります。虫めがねで太陽を見ると失明する怖さを刷り込むことが大切です。絶対に虫めがねで太陽を見ないように言い聞かせます。
●虫めがねのすごさを体感させるには教科書を虫めがねで拡大し、写真がドットでできていることを見つけさせると、効果てき面です。

ワークシート②　4月12日 天気 はれ 気温 17℃
身近な自然の観察　3年　1組 名前 髙田 昌慶
めあて　虫めがねの使い方をマスターしよう

しつ問 太陽の光を虫めがねで集めます
黒マジックでかいた「目」に当てると、どうなるでしょう
けっか けむりが出て黒いところにあながあいた。

虫めがねの使い方
虫めがねと目のきょりは 25cm ぐらい

ア. 見たいものが動かせるとき
→ もの を動かしてピントぴったり

イ. 見たいものが動かせないとき
→ 虫めがね を動かしてピントぴったり

わかったこと
- 虫めがねを使うと、小さいものが大きくみえた。
- 虫めがねで太陽を見ると、目が見えなくなってしまう。
- 体やふくに当てると、やけどしたりとけたりする。
- まどの近くにおきっぱなしにすると、火事になる。

1 身近な自然の観察

解説とワークシートの解答

第二次 第1時 ワークシート③ 「植物のようすを観察する」

目標 五感を通して植物を観察し，形や色，大きさなどを比べることができる。

準備物
- □ワークシート □バインダー
- □虫めがね □ものさし

授業の流れ
1. 形や色，大きさなどを比べながら観察することを確認する。
2. 見たり，触ったり，においをかいだりしながら植物を観察する。
3. 観察して気づいたことをワークシートにまとめる。

指導のポイント
- まず教室で観察のポイントを確認します。①見たり，触ったり，においをかいだりして五感を活用すること，②形や色，大きさなどをくらべながら観察すること。③安全に気をつけ，何かあったらすぐ先生を呼ぶこと。
- かぶれる植物やトゲのある植物はあらかじめチェックして，近寄らないように指導します。また，この季節は蛾の幼虫（毛虫）が発生していることもあるので，注意が必要です。
- 大きさを比べるには，ものさしを使って数字で表すと良いことに気づかせます。

第二次 第2時 ワークシート④ 「動物のようすを観察する」

目標 動物を観察し，形や大きさ，動き方などを比べることができる。

準備物
- □ワークシート □バインダー
- □虫めがね □ものさし

授業の流れ
1. 形や大きさ，動き方などをくらべながら観察することを確認する。
2. 見たり，触ったりしながら動物を観察する。
3. 観察して気づいたことをワークシートにまとめる。

指導のポイント
- まず前時の活動を振り返り困ったことがなかったか話し合う。そして，観察の約束を確認します。
- 今回は主に昆虫を観察します。魚や鳥などに興味や関心をもつ児童には，家庭での自主学習を勧めましょう。
- 本時は「こん虫を育てよう」単元の導入として位置づけられます。本時ではまだ飼育はしませんので，観察した動物は逃がすようにしましょう。
- 毒をもっていたり，刺したり，噛みついたりする動物もいるので，むやみに触らないことを指導してください。

解説とワークシートの解答

第三次 第1時 ワークシート⑤ 「植物について発表する」

目標 自分の見つけた植物の特徴について発表したり，グループの友達の発表を聞いて質問したりすることができるようにする。

準備物 □帽子 □鉛筆 □ワークシート □バインダー

授業の流れ

① 自分の見つけた植物の特徴が分かるように発表する。

↓

② グループの友達の発表を聞いて，もっと知りたいことを質問する。

↓

③ グループみんなの見つけた植物をワークシートにまとめ，比べてみる。

指導のポイント

● 本時は自分が調べたことを分かりやすく発表したり，友達の発表を聞いて質問したりする活動です。グループなどの小集団で発表することで，自信をつけコミュニケーションの力を伸ばしていきたいものです。

● ICTの環境が整った学校では，デジカメやタブレットで撮影したものを発表で使うと，百聞は一見にしかずで，とても分かりやすいです。

● 友達の調べた植物を一覧表にまとめることで，形や色，大きさなどを比べて特徴が分かりやすくなります。

ワークシート⑤　4月26日　天気 雨　気温 16℃

身近な自然の観察　3年　1組　名前 髙田 昌慶

めあて　自分が見つけた植物について発表しよう

発表のめあて
わかりやすいように，はっきり言う。
見つけた場所の回りの様子もくわしくせつめいする。
友達の発表もよくきいて，知りたいことを質問する。

友達のみつけた植物

名前	見つけた植物	場所	色	大きさ
福井	アブラナ	土手	黄色	1m
國眼	シロツメクサ	池の横	白	20cm
泉	ホトケノザ	中にわ	ピンク	40cm
志水	オオイヌノフグリ	花だん	青	10cm

わかったこと
いろんな色や大きさの植物がはえていた。
あたたかい所に，たくさんの植物がはえている。

第三次 第2時 ワークシート⑥ 「動物について発表する」

目標 春の動物についてグループでの発表をまとめ，それぞれの動物の特徴を比べることができるようにする。

準備物 □第二次第2時に書いたワークシート □観察した所の地図

授業の流れ

① グループ内で発表したり，友達の発表を聞いたり，質問したりする。

↓

② グループで見つけた動物をワークシートにまとめ，特徴を比べる。

↓

③ これから植物を植えたり，昆虫を育てたりすることを知る。

指導のポイント

● 前時の発表の反省を生かし，よりよい発表をするにはどんなことに気をつければよいか話し合う。

● 3年生の理科学習の特徴は「比べて」考えることにあります。グループで調べたことを表にまとめることで，場所や動き方の違いについて考えられるようにしたいものです。

● 次時からは，植物の栽培，動物の飼育の単元に入ります。身近な自然にいろんな生き物がいることに気付き，それらをもっと詳しく調べていきたいという，学びに向かう気持ちを育てていきたいものですね。

ワークシート⑥　5月10日　天気 はれ　気温 27℃

身近な自然の観察　3年　1組　名前 髙田 昌慶

めあて　自分が見つけた動物について発表しよう

発表のくふう
ワークシートを見せながら，はっきり言う。
地図を見せながら，見つけた場所の様子をせつめいする。

友達のみつけた動物

名前	見つけた動物	場所	ようす
福井	ダンゴムシ	北門	石のうらにいた
國眼	バッタ	花だん	小さい赤ちゃん
泉	モンシロチョウ	学習園	キャベツの上
志水	クロオオアリ	わたりろうか	いそがしそうだった

これから調べてみたいこと
タネをまいて植物を育ててみたい。
モンシロチョウをつかまえて育ててみたい。
バッタの赤ちゃんが大きくなるのか調べたい。

1 身近な自然の観察

ポイント解説

指導のコツ

　理科の苦手な文系の先生の多くは，自然観察の指導が苦手です。磁石や電流などの教室内の授業に比べ，屋外に出ると統率がとりにくくなるのに加えて，「先生，これ何という花？」「先生，この虫なんて言うの？」というような子どもたちからの怒濤の質問に悩まされることが目に見えているからです。

　磁石や電流の単元なら，ちょっと下調べしておけば知識で子どもに負けることはまずないのですが，花や虫についてはベテランの先生でもあまり詳しいとは言えず，「先生，知らないんだ」と言われるのが心にグサッと刺さり，プライドを傷つけられる感じがするようです。

　でも，逆に考えてみましょう。多くの大人が答えられない花や虫の名前が分かったとしたら，今度は子どもたちは必ずリスペクトしてきます。野原に咲く花や虫の名前をすべてを答えられる必要はないのです。学校の近くでよく見る草花の名前を10種類，虫の名前を5種類だけ正確に答えられるよう準備しておきます。不安ならば，名前の分かっている場所に子どもを連れて行けばよいのです。

　もう1つの手立てとして，摘んだ草花の名前を，コンピュータで調べるという課題を設定しておきます。こうすれば，先生に名前を聞くということは，必然的になくなります。自分たちで名前を調べることに夢中になるからです。

　ただ，持ち駒なしでは，子どもたちのモチベーションが上がりません。一目で「カラスノエンドウ！」と，調べなくても分かるようにするため，教科書に載っている草花の名前を一通り紹介しておきます。書画カメラとプロジェクターで画像を大写しにするとよいでしょう。

　その際に，オオイヌノフグリやホトケノザの語源の話をします。オオイヌノフグリの実は，写真1のように○○タマ袋にとても似ているのです。子どもたちはキャッキャと喜びます。またホトケノザは，写真2のように葉の形が仏様が座られる台座の形に似ています。「ほんまや～」と子どもたちは納得。名前の由来がよく分かります。「先生，すごい！」となること請け合いです。

観察記録の様子

カラスノエンドウ

ムラサキサギゴケ

写真1. オオイヌノフグリ

タンポポは誰でも知っていますが，以下の2種類が見つかりやすいでしょう。花の下の部分（総苞外片）が反り返っているセイヨウタンポポ（外来種）と，反り返っていないカンサイタンポポ（在来種）です。公園など栄養の少ないところには外来種，田畑の畔など栄養が多いところには在来種，という違いも教えておくと，子どもたちのタンポポを見る目が変わります。

　タンポポについてもう1つ。GW明けまでを目安にして，「タンポポの背比べレース」を募集します。背の高い雑草が多いと，タンポポの花柄はどんどん伸びます。最初は20cm台ですが，いきなりの50cm越え！　子どもたちはびっくりです。写真3のように氏名をつけて，窓などに貼り付けてあげてください。

　このように，花探しのアイテムをいくつか与えておくことがポイントです。子どもたちは前から知っているようにこれらの草花を同定し，他の花の名前も調べて覚えようと，目の色を変えて探し回ります。班にトレーを1つ与え，10種類は見つけること，花だけではなく茎も葉も一緒に詰むことを指示します。根は土が付くので，持ち帰らないようにさせます。

　PCルームに戻り，野草図鑑で名前を調べさせます。名前が分かったら，先生チェックです。「分かりました」と手を上げさせ，実物と画面を見比べて判定してあげてください。その際，「〇班，ムラサキサギゴケ，ゲット！　□つ目！」と全体に知らせると，見つけた子どもたちは喜びますし，他の子どもたちの意欲も高まります。このようにすることで，先生の守備範囲も広がり，草花の名前に年々詳しくなっていく自分に気づくはずです。

　何と言っても一番いいのは，ベテランで植物に詳しそうな同僚に，一緒に校庭に出てもらって教わることです。本の写真で何度確認しても記憶するのは難しいものですが，実物に触れてみれば記憶に違いが出ます。五感を通して得た知識は，脳の様々な場所にリンクして記録されるからだそうです。年に一度下調べするだけで理科の得意な先生のような雰囲気を出すことができるので，おすすめです。ぜひリスペクトされましょう。

写真2．ホトケノザ

カンサイタンポポ・セイヨウタンポポ

写真3．セイヨウタンポポの背比べ

トレーに草花をゲット

ワークシート①	月　　日　天気　　　　気温　　　℃
身近な自然の観察	年　　組　名前

めあて　春のしぜんを見つけよう

思い出そう　春のしぜんについて思い出そう

やくそく　たんけんの「やくそく」について話し合おう

見つけた生き物

見つけた生き物	見つけた所	生き物のようす

ワークシート②	月　日　天気　　　　気温　　　℃
身近な自然の観察	年　　組　名前

めあて　虫めがねの使い方をマスターしよう

しつ問　太陽の光を虫めがねで集めます
　　　　　黒マジックでかいた「目」に当てると，どうなるでしょう

けっか

虫めがねの使い方

虫めがねと目のきょりは　　　cmぐらい

ア．見たいものが動かせるとき
→　　　　　を動かしてピントぴったり

イ．見たいものが動かせないとき
→　　　　　を動かしてピントぴったり

わかったこと

ワークシート③	月　　日　天気　　　　気温　　　℃

身近な自然の観察	年　　組　名前

めあて	植物のようすを観察しよう

ポイント
○形や色，大きさをくらべながら観察しよう
○見たり，さわったり，においをかいだりしてみよう

【　　　　　　　　　　　】

○見つけたところ

○花の色

○大きさ

○形のとくちょう

気づいたこと

- -

- -

- -

| ワークシート④ | 月　日　天気　　　気温　　℃ |

| 身近な自然の観察 | 年　組　名前 |

めあて　動物のようすを観察しよう

ポイント
○形や大きさ，動き方をくらべながら観察しよう
○見たり，さわったりしてみよう

【　　　　　　　　　　　】

○見つけたところ

○大きさ

○形のとくちょう

○動き方

気づいたこと

ワークシート⑤	月　　日　天気　　　気温　　　℃
身近な自然の観察	年　　組　名前 |再

めあて　自分が見つけた植物について発表しよう

発表のめあて

友達のみつけた植物

名前	見つけた植物	場所	色	大きさ

わかったこと

ワークシート⑥	月　日　天気　　　気温　　℃
身近な自然の観察	年　組　名前

めあて　自分が見つけた動物について発表しよう

発表のくふう

友達のみつけた動物

名前	見つけた動物	場所	ようす

これから調べてみたいこと

2 植物の成長と体のつくり

ここでは前単元「身近な自然の観察」で興味をもった「植物」を対象に栽培活動を行います。学習を通して植物の成長過程や体のつくりに気付かせるとともに，植物に親しみをもち，大切に世話をしようとする心情を育てていきます。本単元は春から秋にかけての長期間の学習です。子どもたちの意識をいかにして持続・発展させていくかが成功のカギとなります。また，天気や気候の変化に左右されるのも本単元の特徴です。花壇や植物の状態に応じて学習時期を調整するなどの臨機応変な授業運営が求められます。

育成する資質・能力

【知識及び技能】

植物の育ち方には一定の順序があること。また，その体は根，茎及び葉からできていることを理解する。

植物の成長に合わせて，適切な方法で栽培する。

【思考力，判断力，表現力等】

植物の様子について追究する中で，差異点や共通点を基に植物と環境との関わり，植物の成長のきまりや体のつくりについての問題を見いだし，表現する。

【学びに向かう力，人間性等】

植物を栽培する中で，生物を愛護する態度や主体的に問題解決しようとする態度を養う。

単元の構成
※丸付数字はワークシートの番号

第一次 たねをまく（4月下旬〜5月上旬）
　第1時　たねを観察し，まく…①
　第2時　めが出た後のようすを観察する…②
　第3時　植え替えをする…③

第二次 植物の育ちとつくり（5月〜6月）
　第1時　茎の高さをグラフにする…④
　第2時　植物のからだのつくりを調べる…⑤

第三次 植物の一生（7月〜9月）
　第1時　花の様子を調べる…⑥
　第2時　実の様子を調べる…⑦
　第3時　植物の一生をまとめる…⑧

解説とワークシートの解答

第一次 第1時 ワークシート① 「たねを観察し，まく」

目標 植物のタネを観察していろいろな形があることに気付き，タネをまいて栽培への意欲を喚起する。

準備物
- □虫めがね
- □植物のタネ（ホウセンカ，マリーゴールド，ヒマワリ…など）
- □育苗ポット
- □土
- □セロハンテープ

授業の流れ

①たねを虫めがねなどで観察して，ワークシートにスケッチする。

↓

②花だんやポットにたねをうえ，水やりをする。

↓

③水やりの仕方について話し合い，当番を決める。

指導のポイント

● 3年生の授業は時間との戦いになる教材がいくつかあります。このタネまきもその一つで，発芽や根・茎・葉の観察まで1学期中に行わなければなりません。タネまきは4月中，できれば中旬くらいには済ませたいです（モンシロチョウのキャベツの苗植えも）。場合によっては身近な植物の観察よりも前に行っても構いません。

● タネが余分にあればスケッチのほかに一つずつ余分に渡し，セロハンテープで貼っても良いでしょう。

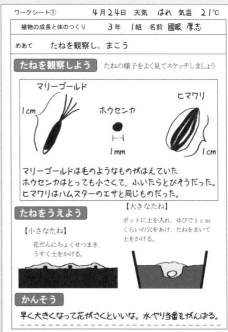

第一次 第2時 ワークシート② 「めが出た後のようすを観察する」

目標 植物によって発芽の様子に共通点や違っている部分があることに気付かせる。

準備物
- □発芽した植物
- □デジタルカメラやタブレットパソコン
- □ものさし

授業の流れ

①めが出た後の様子を観察しワークシートにスケッチする。

↓

②それぞれの植物の特徴を表にまとめる。

↓

③分かったこと，気がついたことをワークシートに書く。

指導のポイント

● この授業は時間取りが難しいのです。発芽したらそれをスケッチすればよいのですが，それだと10分程度で終わります。植物によっては発芽していないこともあります。できれば子葉が出て，本葉が出る頃に描かせたいです。花だんに植えた植物と育苗ポットに植えた植物を同時に観察するのは難しいです。タブレットパソコンやデジタルカメラで記録してくらべるのもいい方法です。

● 以前は「双葉」と言っていた「子葉」ですが，本葉が出た後どうなるかに注目させたいです。

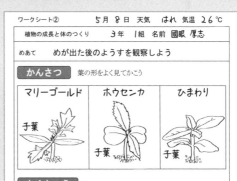

2　植物の成長と体のつくり

解説とワークシートの解答

第一次 第1時 ワークシート③「植え替えをする」

目標 ▶ 植え替えをする理由に気付かせ，この後どうなっていくのか考えさせる。

準備物
- □肥料（植え替えの1週間くらい前に土を耕して肥料を入れる）
- □ポットで葉が4～6枚になった植物
- □移植ごて

授業の流れ

① なぜ植え替えをしなければいけないのか話し合う。

② この後どう育っていくのか想像する。

③ 大きくなった姿をイメージして，間隔をあけて植え替える。

指導のポイント

- この時間は植え替えに30分程度の時間がかかることを想定しています。座学がメインの時間ではないので，植え替えをする理由とその後どうなっていくかを自分の考えで表現できたらOKでしょう。
- 今までの観察記録のスケッチでよく描けているものをピックアップして成長を振り返り「ここまでどうなったか」を押さえておくと「これからどうなるだろう」というイメージをもちやすくなります。

ワークシート③ 　5月19日　天気　はれ　気温 28℃
植物の成長と体のつくり　3年　1組　名前　國眼 厚志

めあて　この後の姿をイメージして植え替えをしよう

ふりかえり　ここまでの植物の姿を思いだそう

ふいたとうぶくらいの小さなたねをまいたら，子葉がでてどんどん大きくなり，葉が4～6まいくらいになった。子葉はうすい緑色だったけど，後からでた葉はこい緑になった。

問い　どうして植えかえをするのだろう？

ポットは小さいので，えいようがたりないと思う。
根も育たないと思う。
外でおひさまをあびた方が良く育つと思う。

植えかえをしよう　どれくらい間をあけるといいかな？

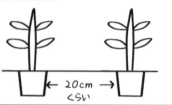

第二次 第1時 ワークシート④「茎の高さをグラフにする」

目標 ▶ 植物は成長し，茎たけや葉の数が増えていくことを理解させる。茎の高さを計測したデータをもとに，それぞれの植物の茎たけをグラフ化できる。

準備物
- □ものさし・巻き尺
- □デジタルカメラやタブレットパソコン
- □色鉛筆

授業の流れ

① 茎の高さを巻き尺などで測り，葉の数とともに記録する。

② 3回分の茎の高さをワークシートを使って棒グラフで表す。

③ 気がついたことをまとめる。

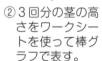

指導のポイント

- できるなら10日に1回くらい，茎たけを測ったり，葉の数を数えたりと成長の様子を調べる活動をしておくとグラフも描きやすくなります。どうしても時間が無い場合は1m定規を当て，デジタルカメラやタブレットパソコンで撮影しておくとなんとかなります。
- 茎たけや葉の数を観察する活動は連続した理科の時間にしても差が分かりません。「動物を育てよう」の単元も同様なので，並行して学習するのがコツです。そんな時，ノートよりもワークシートの方が使いやすいものです。

ワークシート④　5月29日　天気　はれ　気温 28℃
植物の成長と体のつくり　3年　1組　名前　國眼 厚志

めあて　くきの高さを記録してグラフにしよう

くきの高さを記録しよう

植物名	マリーゴールド	ホウセンカ	ヒマワリ
葉の数	ふえている	ふえている	ふえている
子葉の様子	かれている	小さいままある	なくなってる
くきの高さ	14cm	30cm	48cm

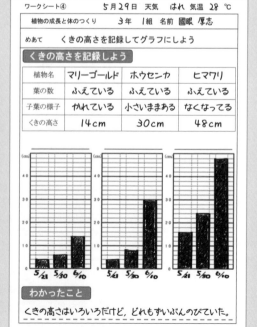

わかったこと

くきの高さはいろいろだけど，どれもずいぶんのびていた。

解説とワークシートの解答

第二次 第2時 ワークシート⑤ 「植物のからだのつくりを調べる」

目標 植物には根・茎・葉があること，またそれぞれの植物をくらべると葉や茎に違いがあることに気付かせる。

準備物
- □古新聞紙
- □色鉛筆

授業の流れ

① 植物を土ごとほりおこして洗い，新聞紙の上に置いて観察する。

② ワークシートに体のつくりをよくみながらスケッチする。

③ 植物の体のつくりについてそれぞれの植物をくらべながらまとめる。

指導のポイント

- 本時では植物の体のつくりについて学習します。植えられている植物を丁寧に根から抜き，机の上に置いて，どの植物にも根・茎・葉のつくりがあることに気付かせます。
- 学習指導要領には双子葉植物を扱うことになっていますが，できれば単子葉植物の根や葉も観察させたいと思います。単子葉植物は根がひげ根で葉脈が平行だという特徴だけでも分類ができます。ここでの観察経験が6年生の植物の体のつくりや，中学校の植物の分類を学習する時に原体験として，必ず役に立つことと思います。

ワークシート⑤ 6月12日 天気 くもり 気温 21℃

植物の成長と体のつくり 3年 1組 名前 國眼 厚志

めあて 植物のからだのつくりを調べよう

かんさつ 植物を土ごとほりおこして洗い，スケッチしよう

表にまとめよう

植物名	マリーゴールド	ホウセンカ	ヒマワリ
葉	細くて多い	たくさん	大きい
くき	細くて枝わかれ	太くて短い	太くて長い
根	細くて多い	たくさん	太い

わかったこと
太さや大きさはいろいろだけど，どれも根・くき・葉がある。

第三次 第1時 ワークシート⑥ 「花の様子を調べる」

目標 植物のつぼみから花への変化の様子を観察し，花から実への変化を推論することができるようにする。

準備物
- □ワークシート
- □バインダー
- □帽子

授業の流れ

① 花のようすを観察し，ワークシートにスケッチする。

② つぼみと花をくらべて，つぼみから花への変化について話し合う。

③ 花びらが落ちたものを観察し，このあとどうなるのか予想を立てる。

指導のポイント

- まず，現在の花だんの様子について尋ねます。児童は暑くなってきて水やりがたいへんなこと，ヒマワリがずいぶん高くなっていること，花のさいた植物があることなどを口々に話してくれます。本時はつぼみと花の様子を観察することを告げ水筒と帽子をもって花だんにスケッチに行きます。
- それぞれが観察したワークシートを持ち寄り，つぼみと花の関係を尋ねます。どの植物もつぼみがふくらんで花が咲いたことに気付かせます。また，このあと花がどうなっていくのか，想像させます。

ワークシート⑥ 7月3日 天気 くもり 気温 31℃

植物の成長と体のつくり 3年 1組 名前 國眼 厚志

めあて 花のようすを調べよう

かんさつ つぼみと花をよくみてスケッチしよう

気づいたこと つぼみと花の関係は？

つぼみをよく見ると，中に黄色の花びらがかくれていた。
つぼみが開いて花になったのだと思う。

花はこのあとどうなるか 予想してみましょう

花がおわったらその花きかれて，次の花が咲くと思う。
どんどん花が咲いて，つぼみがなくなったら，かれると思う。

2 植物の成長と体のつくり

解説とワークシートの解答

第三次 第2時 ワークシート⑦「実の様子を調べる」

目標 花が咲いた後の変化の様子を観察し，花が実になり，かれてたねができることに気付くことができるようにする。

準備物
- □ワークシート
- □バインダー
- □ポリ袋

授業の流れ
1. 花が枯れた後の実を観察しワークシートにスケッチする。
2. 実が枯れた後のものを調べ，たねを集める。
3. いくつかの植物をくらべて，花から実への変化をまとめる。

指導のポイント
- 本時は実際には1時間ではなく，数ヶ月の継続的観察を伴う学習です。地域によって差がありますが，例えば兵庫県では7月初旬にホウセンカの花が咲き8月には緑色の実ができ，10月には枯れて茶色になった実に触るとポンッとはじけてたねが出てきます。この時のたねは4月にまいたものと同じですが，とてもたくさんになっています。植物がこうして子孫を増やしていることが分かります。
- 学習においては他の単元と組み合わせながら，時々花壇の様子をみて観察するのがよいでしょう。

第三次 第3時 ワークシート⑧「植物の一生をまとめる」

目標 植物の成長を振り返り，命のつながりに気付くことができる。

準備物
- □今までに書いたスケッチや撮影した写真

授業の流れ
1. これまで書いたワークシートを広げて植物の成長を振り返る。
2. いろいろな植物の育つ順序をくらべ，共通することを話し合う。
3. 植物の一生と命のつながりについて，分かったことをまとめる。

指導のポイント
- きちんと育てて大きくなった植物の一生を振り返り，命のつながりに気付かせます。ここまで校庭の植物や栽培してきた植物の姿をたくさん撮影したと思います。それらをスライドショーで流して，振り返りましょう。ワークシートをならべて絵巻物をつくり，グループで発表するとよいでしょう。
- 理科の授業の用語は通常の生活用語と違うことが多くあります。「葉っぱ」と言っても理科では「葉」，「根っこ」と言っても理科では「根」と書かないと正解にはならないことを教えてあげましょう。

ポイント解説

 ## 3年生 生物領域の「見方・考え方」

新学習指導要領では，問題解決の過程における自然の事物の捉え方として生物領域では「多様性・共通性」という見方が求められています。例えば，同じ植物でもホウセンカとヒマワリでは大きさも花やたねの様子も全く違います。しかし，たねを植えると発芽し子葉が出て，ぐんぐん大きくなり，花が咲き，実ができて，枯れてたねができる，という成長の過程には共通する部分が多くあります。もう1つ，3年生の問題解決の過程において「比較する」という考え方が求められています。1つの事物・現象だけをみて物事を決めつけるのではなく，複数のものを比べて判断する，そうした見方・考え方ができるような授業を目指していきましょう。

 ## タブレットのススメ

筆者（國眼）は理科担当に加えて情報担当もしているため，機器を導入したり使ったりすることが多くあります。本単元では子どもたちにiPadなどのタブレットパソコンを持ち出させて，自由に植物や動物を撮影させます。班で観察しているときに名前が分からなくても後で調べられます。そして「今日はどんな生き物を観察したのかな」との問いに，子どもたちがAppleTVなどのセットトップボックスを利用して，自分でタブレットを操作し，スクリーンや大型テレビに映し出せるのです。同定のために撮影した映像を今度は班の活動の発表で使うことができるようになるのです。「百聞は一見にしかず」という言葉がありますが，口で説明するだけではなく，写真や動画を用いることで実際の様子が伝わりやすくなり，話し合い活動が深まっていきます。

こうしたICTの利用は，慣れてくると1年生にも十分できます。生活科の自然探検では効率的に観察することができました。スケッチも画面を自分でピンチアウトして描いています。もちろん活用する際のルール決めなど校内での共通理解は必要ですが，環境さえ整えばどんどん活用して行きたいものです。

ワークシート①　　　　月　　日　天気　　　　気温　　　℃

植物の成長と体のつくり　　　　年　　組　名前

めあて　たねを観察し、まこう

たねを観察しよう
たねの様子をよく見てスケッチしましょう

たねをうえよう

【小さなたね】

花だんにちょくせつまき、うすく土をかける。

【大きなたね】

ポットに土を入れ、ゆびで1cmくらいの穴をあけ、たねをまいて土をかける。

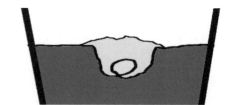

かんそう

- -

ワークシート②	月　日　天気　　　気温　　℃
植物の成長と体のつくり	年　組　名前

めあて　　めが出た後のようすを観察しよう

かんさつ
葉の形をよく見てかこう

とくちょう

植物名			
<u>子葉</u>の数			
形			
色			
大きさ			
<u>くき</u>の色			

わかったこと

ワークシート③	月　日　天気　　気温　　℃
植物の成長と体のつくり	年　組　名前

めあて　　この後の姿をイメージして植え替えをしよう

ふりかえり　ここまでの植物の姿を思いだそう

問い　どうして植えかえをするのだろう？

植えかえをしよう　どれくらい間をあけるといいかな？

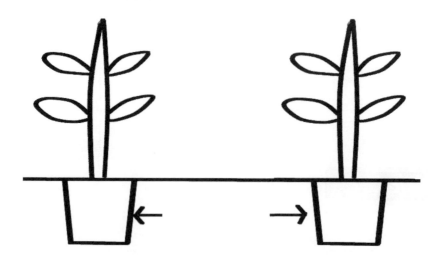

ワークシート④　　　　　月　　日　天気　　　　気温　　　℃

植物の成長と体のつくり　　　　年　　組　名前

めあて　くきの高さを記録してグラフにしよう

くきの高さを記録しよう

植物名			
葉の数			
子葉の様子			
くきの高さ			

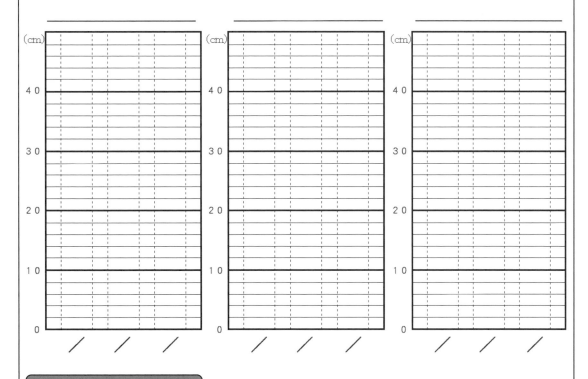

わかったこと

ワークシート⑤	月　　日　天気　　　　気温　　　℃
植物の成長と体のつくり	年　　組　名前

めあて　植物のからだのつくりを調べよう

かんさつ　植物を土ごとほりおこして洗い，スケッチしよう

表にまとめよう

植物名			
葉			
くき			
根			

わかったこと

ワークシート⑥	月　　日　天気　　　　気温　　　℃
植物の成長と体のつくり	年　　組　名前

めあて　花のようすを調べよう

かんさつ　つぼみと花をよくみてスケッチしよう

気づいたこと　つぼみと花の関係は？

花はこのあとどうなるか　予想してみましょう

ワークシート⑦	月　日　天気　　　気温　　　℃

植物の成長と体のつくり　　年　組　名前

めあて　実のようすを調べよう

かんさつ　花がかれた後の様子を記録しよう

(　　　　　)

	▶		▶	

(　　　　　)

	▶		▶	

(　　　　　)

	▶		▶	

わかったこと

ワークシート⑧   月   日 天気   気温   ℃

植物の成長と体のつくり   年   組 名前

めあて　　植物の一生をまとめよう

わかったこと

3 昆虫の成長と体のつくり

時代の流れなのでしょうか，子どもたちが夢中になって昆虫採集する姿をあまり見ることがなくなってきました。小さな虫との触れ合いは，五感を通して「命」を感じる良い機会です。その意味からも本単元を大切にしていきたいと思います。本単元では，身の回りの昆虫について探したり育てたりする中で，それらの様子や周辺の環境，成長の過程や体のつくりに着目して，それらを比較しながら調べます。その活動を通して，差異点や共通点をもとに昆虫と環境の関わりや昆虫の成長のきまり，体のつくりについて問題意識をもち，直接触れて感じながら記録したりまとめたりしていきます。

育成する資質・能力

【知識及び技能】

昆虫の育ち方には一定の順序があること。また，成虫の体は頭，胸及び腹からできていることを理解する。また，昆虫の成長に合わせて，適切な方法で飼育する。

【思考力，判断力，表現力等】

昆虫の様子について追究する中で，差異点や共通点を基に，動物と環境との関わり，動物の成長のきまりや体のつくりについての問題を見いだし，表現する。

【学びに向かう力，人間性等】

昆虫を飼育する中で，生物を愛護する態度や主体的に問題解決しようとする態度を養う。

単元の構成
※丸付数字はワークシートの番号

第一次　チョウの育ち
- 第1時　よう虫のえさ…①
- 第2時　たまごのようす…②
- 第3時　よう虫のようす…③
- 第4時　羽化するようす…④
- 第5時　チョウの育ち…⑤

第二次　チョウの体つくり
- 第1時　せい虫の体のつくり…⑥

第三次　いろいろなこん虫のかんさつ
- 第1時　こん虫のすがたとすみか…⑦
- 第2時　こん虫の体のつくり…⑧
- 第3時　こん虫の体の育ち…⑨

解説とワークシートの解答

第一次 第1時 ワークシート① 「よう虫のえさ」

目標 幼虫のえさは種類によって違いがあることと，その理由に気付かせる。

準備物
- □成虫と幼虫の画像数種類（モンシロチョウ，アゲハチョウ，キアゲハ，オオムラサキなど：ネットで収集）
- □図鑑

授業の流れ

① どの種類のチョウの幼虫も同じものを食べているか，予想を立てて話し合う。

↓

② 図鑑やパソコンを用いていろいろなチョウの幼虫が何を食べているか調べる。

↓

③ 調べたことをもとに幼虫の食べ物についての自分の考えをワークシートに書く。

指導のポイント

● 多くの子どもたちはチョウが蜜を吸うことは知っていますが，幼虫が何を食べているかは知りません。そこで，まず，成虫と幼虫の画像を提示して，色や模様が違うことを知らせます。そして，幼虫の食草も違うことを知らせ，その理由について考えさせます。こうして，自然界で共存する仕組みの一端に触れさせたいと思います。

● もし，幼虫がみんなキャベツを食べるとしたら，困ることはないかなと問いかけることで問題意識が生まれ，思考が広がります。

ワークシート① 4月21日 天気 くもり 気温 20℃

昆虫の成長と体のつくり 3年 1組 名前 高田 昌慶

めあて チョウのよう虫は何を食べているのか調べよう

問い どの種類のチョウのよう虫も，同じものを食べているでしょうか

よそう
- ア．どの幼虫も同じものを食べている
- イ．種類によって食べるものがちがう
- ウ．その他（　　　　　　　　　　）

調べる いろんな種類のチョウのよう虫が何を食べているか図鑑やパソコンで調べよう

- ○モンシロチョウ→ キャベツ
- ○アゲハ→ サンショウ，ミカン
- ○キアゲハ→ ミツバ，パセリ
- ○ツマグロヒョウモン→ パンジー，ビオラ
- ○オオムラサキ→ エノキ

わかったこと・自分の考え

チョウはしゅるいによって食べているものがちがうことがわかった。たぶん，同じものを食べたら，ケンカになって，食べられないチョウができるからだと思った。

第一次 第2時 ワークシート② 「たまごのようす」

目標 モンシロチョウの卵や産卵，花壇や畑の回りの様子を観察し，記録する。

準備物
- □虫めがね
- □カップ（イチゴパック，飼育ケース）
- □はさみ
- □スライドガラス
- □双眼実体顕微鏡（解剖顕微鏡）

授業の流れ

① チョウの卵を観察し，ワークシートにスケッチする。

↓

② 観察して分かったことや気付いたことをワークシートに記入する。

↓

③ 卵を教室に持ち帰り，カップに入れて育てる。

指導のポイント

● 2月中に苗を植え，キャベツ畑を作っておくことが必要不可欠です。観察に出たときに，産卵する様子を観察できる可能性が高まります。

● キャベツの苗を植えたら，十分育つまで，ネットなどで鳥による食害を防ぎます。アゲハチョウで観察する場合は数が揃いにくいので，家庭や地域に呼びかけて協力していただきます。

● 卵の付いている葉を部分的にはさみで切り取らせ，観察はスライドガラスに載せて行わせます。

ワークシート② 4月28日 天気 はれ 気温 21℃

昆虫の成長と体のつくり 3年 1組 名前 高田 昌慶

めあて チョウのたまごをかんさつしよう

かんさつ たまごの様子をスケッチしましょう

気づいたこと かんさつしている時に気づいたことを書き，友達にしょうかいしましょう

モンシロチョウのたまごは黄色でとても小さく（1mmくらい）トウモロコシのような形をしていた。ボンドみたいなものでしっかり葉についていた。とちゅうでモンシロチョウがとんできて，キャベツの葉にたまごをうんでいた。おしりをまげると先からたまごが出てきた。

3 昆虫の成長と体のつくり

解説とワークシートの解答

第一次 第3時 ワークシート③ 「よう虫のようす」

目標 チョウの幼虫の姿や形，動き方などを詳しく観察して，記録できるようにする。

準備物
- □虫めがね □カップ（イチゴパック，飼育ケース） □スライドガラス □筆（移動用）
- □定規 □動画（NHK for school など）

授業の流れ

① 虫めがねを用いて幼虫をスケッチする。

② 観察してきづいたことをワークシートにどんどん書き込む。

③ 分かったことを発表し，情報を共有する。

指導のポイント
- 幼虫は，スライドガラスに這わせて観察させます。腹脚の使い方や，裏側の様子を見ることができます。
- 目はどこにあるかな？脚の数はいくつ？毛は生えているかな？など，観察の視点を与えることで，子ども達は詳しく観察することができるようになります。新しい発見をしたらすぐに報告させ，板書して共有させます。
- 幼虫を気持ち悪いと感じる子どもがいます。無理強いはせず，ゆったりと待ってあげましょう。

ワークシート③　5月15日　天気 くもり　気温 22℃
昆虫の成長と体のつくり　3年 1組 名前 高田 昌慶
めあて　よう虫の体や動き方をくわしくかんさつしよう

かんさつ
- 色はきみどり色
- 長さは2cmくらい
- 目は小さい点で6こ？ある
- 生まれたてはオレンジ色
- みどり色のうんこをした
- 毛がいっぱいはえている
- 葉を食べてみどり色になった（ビデオ）
- 体にすじがいっぱいある
- 口にはギザギザのキバがある
- 頭を動かしながら歩く
- かわをぬいで大きくなる（ビデオ）
- 足は16ある
- 前の6つの足はとがっている
- 歩いた後に糸がついている
- うしろの足はつぶつぶになっている
- つぶつぶの足でガラスをはさんで歩く
- ガラスをうらがえしてもおちない　すごい！

かんそう さいしょは気持ち悪かったけど，だんだんかわいくなって，さわれるようになった。

第一次 第4時 ワークシート④ 「羽化するようす」

目標 羽化する瞬間の様子を詳しく観察し，記録させる。生命の大切さや自然のすばらしさに気付かせる。

準備物
- □冷蔵保存した羽化直前の蛹　□ペトリ皿　□脱脂綿　□白熱電球（クリップライト）　□電子温度計　□羽化用足場（紙コップ・割り箸）　□冷蔵庫

授業の流れ

① 冷蔵保存した蛹を白熱電球で加温し，羽化させる。

② 羽化の最初から最後までの詳しい様子を，ワークシートに記録する。

③ 羽化の瞬間に立ち会った自分の気持ちや考えをワークシートに書き込む

指導のポイント
- 冷蔵保存している羽化直前蛹を授業の15分前から白熱電球で加温すると，時間内に羽化させられます。温度は30℃までに調整します。
- 卵から無事に羽化できるまで，わずか1％しかないことを教え，生きようとする小さな命の頑張りを応援しようと声をかけます。
- 羽化して羽が伸展するまで数分しかありません。3つの場面を印刷したのは，気づいたこと，感じたことを書き込むことに重点を置くための工夫です。

ワークシート④　5月31日　天気 くもり　気温 27℃
昆虫の成長と体のつくり　3年 1組 名前 高田 昌慶
めあて　羽化するようすをくわしくかんさつしよう

かんさつ

- やっと羽化した　うれしい！
- おしりがピクピクしたら羽化した
- がんばれ～　がんばって～
- 自分でぼうにつかまってのぼった
- 羽がくしゃくしゃだった

- 目がてんてんだった
- 羽がキャベツみたい
- おなかが太い
- 羽がのびてきた

- 羽がのびて羽化せいこう　やった～
- 羽を開いたりとじたりしている
- この子は男の子だ（先生）
- 羽を開いたりとじたりしている
- いらないものを出した（先生）

かんそう 自分の力だけでがんばっていた。
かんどうした！　おめでとう！　長生きして

解説とワークシートの解答

第一次 第5時 ワークシート⑤「チョウの育ち」

目標 チョウが，卵・幼虫・蛹・成虫の順に成長し，命が受け継がれていることを理解する。

準備物
□モンシロチョウの画像（卵・幼虫・蛹・成虫），動画（NHK for school など）

授業の流れ

① ワークシートに卵から成虫になるまでの様子を順番に描く。

② 卵・幼虫・蛹・成虫の時々の形や食べ物などの特徴をまとめる。

③ 命のつながりについてまとめる。

指導のポイント

● 教科書の写真だけでなく，子どもたちに観察・記録させる一方で，先生も画像に撮っておきます。動画も見せて他のチョウの育ちも含め，チョウの一生をまとめます。命が受け継がれていることにも言及して，5年生の学習「動物の誕生」の布石にします。

● 羽化の観察は感動的で，子どもの心に生命尊重の想いを育み得る体験です。ただ，本当の大変身は蛹化です。蛹の中で体をドロドロに溶かし，成虫の体に作り直しているからです。

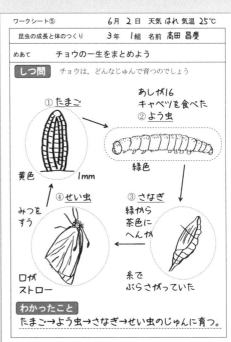

第二次 第1時 ワークシート⑥「せい虫の体のつくり」

目標 チョウの体は頭・胸・腹の3つの部分からできていること，胸に6本の脚がついていることに気付かせる。

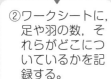
□飼育観察容器
□数種類のチョウの画像（ネットで収集）

授業の流れ

① チョウの成虫の体を調べる。

② ワークシートに，足や羽の数，それらがどこについているかを記録する。

③ 図鑑などで，他のチョウの体のつくりについても調べる。

指導のポイント

● 前時に羽化する様子を観察・記録していても，案外見ていないものです。脚は6本ありますが，そのうちの何本かは腹についていると思っている子どもがいます。胸には強力な筋肉がぎっしりと詰まっています。だから，脚や羽を動かすことができることを教えると，納得して記憶に残りやすいでしょう。

● 他のチョウも同じつくりであることを，図鑑などを提示して確かめます。虫めがねを使うと怖いと感じる子どもがいるので，肉眼で観察させます。

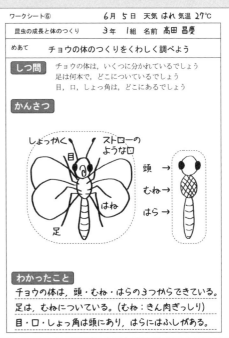

3 昆虫の成長と体のつくり

解説とワークシートの解答

第三次 第1時 ワークシート⑦ 「こん虫のすがたとすみか」

目標 昆虫は種類によって色・形・大きさなどの姿が違うことを理解させるとともに，餌や隠れ場所とすみかとの関係に気付くようにする。

準備物
- □飼育観察容器
- □ぼうし

授業の流れ

① 教室で活動の目的と観点について確認し，屋外でいろいろな昆虫を採集する。

② ワークシートに採集した昆虫のいた場所と昆虫の様子を記録する。

③ 他の人と採集した昆虫の場所と様子について情報交換する。

指導のポイント

● 採集をはじめると夢中になって学習の目的を忘れがちです。外に出る前にワークシートを配布し，昆虫の色・形・大きさだけでなく，すみかを観察することを確認しておきます。

● 飛び回るバッタやトンボを採集するのは大変です。しかし，慣れない捕虫網を与えると採集量がかえって減るので，手づかみで集めさせます。班ごとに容器を与え，協力して採集するようにすると，競争意識で，虫が苦手な子どもも手を出すようになります。同じ種類を複数採集した班には，他の班に分けてあげるように声かけします。

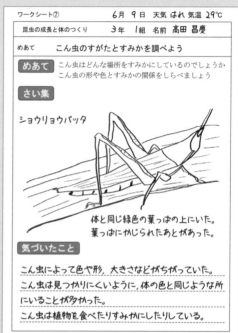

第三次 第2時 ワークシート⑧ 「こん虫の体のつくり」

目標 他の昆虫の体も，頭・胸・腹の３つの部分からできていること，胸に６本の脚がついていることを理解する。

準備物
- □虫めがね □飼育観察容器 □パック袋 □カブトムシ，セミ，バッタ，トンボ，ダンゴムシなど

授業の流れ

① 前時にとった昆虫を小さなカップに入れて，体のつくりを観察する。

② 別の昆虫を観察し，似ているところ，違うところを比べる。

③ 昆虫の体のつくりについて，ワークシートにまとめる。

指導のポイント

● 小さな蓋つきカップかパック袋に入れて，しばらくの間，動きを封じて観察しやすくします。昆虫によって頭・目・触角・口・足などの形状に違いがあることを，比較しながら見つけさせます。形状に違いがあっても，体のつくりは同じだと気付かせることが大切です。

● カブトムシの体は，頭と胸の部分を間違いやすいつくりになっています。そこを詰めていくと，３対の脚が，それぞれ前胸・中胸・後胸についていることを押さえられます。

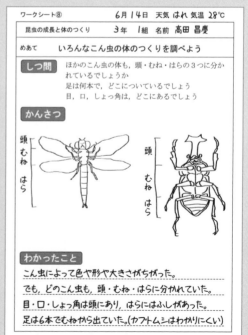

第三次 第3時 ワークシート⑨「こん虫の体の育ち」

目標 昆虫には、卵・幼虫・蛹・成虫の順に育つものと、卵・幼虫・成虫の順に育つものがいることを理解する。

準備物 □教科書の画像（卵・幼虫・蛹・成虫、卵・幼虫・成虫） □動画（NHK for school など） □図鑑

授業の流れ

①蛹になる昆虫とならない昆虫を図鑑などで調べる。

②蛹になる昆虫とならない昆虫の違いを比べる。

③昆虫の一生について、ワークシートにまとめる。

指導のポイント

- 蛹になるのが大変身だと指導した完全変態タイプの幼虫と成虫は、姿形だけでなく食性も大きく変わることを押さえておきます。形がほとんど変わらないバッタやカマキリは、蛹になる必要のない不完全変態タイプです。
- 子どもが迷うのがセミやトンボです。幼虫と成虫の姿形だけでなく、生活環境も大きく変わるからです。これらは、食性が変わらないことで区別させるようにします。
- シミなどの無変態タイプには触れません。

ワークシート⑨　6月16日　天気 はれ　気温 28℃

昆虫の成長と体のつくり　3年　1組　名前 高田 昌慶

めあて　こん虫の育ちのちがいをくらべよう

しつ問 さなぎになるこん虫と、さなぎにならずにせい虫に育つこん虫をくらべてみましょう

育ち方	さなぎになる		さなぎにならない	
こん虫	チョウ	カブトムシ	バッタ	カマキリ
よう虫の形	（図）	（図）	（図）	（図）
せい虫の形	（図）	（図）	（図）	（図）
よう虫の食べ物	キャベツ	くさった葉	葉っぱ	小さな虫
せい虫の食べ物	花のみつ	木のみつ	葉っぱ	虫

わかったこと
- さなぎになるこん虫とならないこん虫がいる。
- さなぎになるこん虫は、よう虫とせい虫で形が変わる。
- さなぎになるこん虫は、よう虫とせい虫で食べ物も変わる。

ポイント解説

チョウの幼虫の飼育方法

幼虫の大量飼育

班ごとに1カップ　キャベツ畑で採集したモンシロチョウの幼虫は、大きなカップや飼育容器に入れて班ごとで飼育・観察させます。下にはキッチンペーパーを敷き、蓋には小穴を空けておきます。幼虫の数は2～3匹にします。もし寄生していたアオムシコマユバチが黄色い繭になったら回収して、大量飼育していた別の幼虫と交換してあげます。班で育てた幼虫が無事に蛹になったら回収し、羽化授業の材料とします。

幼虫の大量飼育　大きな飼育容器でモンシロチョウやアゲハの幼虫を大量飼育します。モンシロチョウは容器を横置きにし、キッチンペーパーを敷いた上に、キャベツの葉を投入します。終齢幼虫は、容器の側面や蓋裏で蛹化します。アゲハは容器を縦置きにし、水入り瓶にミカンなどの枝を挿して餌とします。

自然の中で生き残ることの難しさ

大きな幼虫は、90％以上アオムシコマユバチに寄生されています。カップに入れて世話をし

ていても，アオムシコマユバチの幼虫がアオムシの体を食い破って出てきて蛹になります。かわいそうな姿を見せたくないと思います。しかし，それが自然の中で生き残る厳しさそのものなのです。視点を変えれば，人間にとってアオムシはキャベツの害虫であり。アオムシコマユバチは益虫なのです。それでも子どもの中で葛藤が起こるでしょう。「命」に向き合う瞬間です。無事にチョウになれるのはわずか1～2％だと教えると，ヒラヒラのんきに遊んで暮らしているように思っていたチョウに対する見方・感じ方が大きく変わることでしょう。

アオムシコマユバチ

黄色いマユを集めて別のカップに入れておき，羽化したアオムシコマユバチもぜひ見せてあげてください。

チョウが羽化する瞬間を感動的に

チョウは天敵に捕食されないよう夜間に羽化してしまうので，羽化する瞬間を観た子どもはほとんどいないでしょう。矢野幸夫さんの研究で，授業時間内に羽化の瞬間を観ることができるようになりました。モンシロチョウでもよいのですが，大きくて色も鮮やかなアゲハチョウを材料にすると，神秘的な羽化の瞬間をダイナミックに観察することができます。

1回目の冷蔵保存 カップなどに湿らせた脱脂綿を敷き，はがしたサナギを入れ，小穴を空けたフタをします。自宅に持ち帰ります。就寝前に写真1の左2つのように少しでも黒ずんでいたら，その夜の内に羽化します。羽化活動を一時的にストップさせるために，別のカップに入れて冷蔵庫で保存（約5～8℃）します。翌日，保冷剤を敷いた発泡スチロール箱に入れて学校に持参し，室温に戻して羽化活動を再開させます。

2回目の冷蔵保存 授業を継続しながら，サナギの様子を観察します。羽化直前のサナギは，写真2の下のように体と殻の間にすき間ができ，腹部の節が伸びます。ここが再冷蔵保存のタイミングです。保存は3日以内が無難です。それ以上たつと，乾燥や体力消耗のためか，羽化できなかったり羽が伸展しなかったりするなどの羽化不全が増えます。

小さな命の躍動を応援！ 冬眠状態のサナギを白熱電球で温め，羽化活動を再開させます。電子温度計で約28～30℃にキープします。

35分前後で尾部がピクピク動くのが合図です。1分以内に殻を脱ぐので，羽化用の足場にとまらせます。2つの口が1つに合わさったり，羽が体液で伸展していったりする様子を観察することができます。

写真1. 左2つは羽化直前

写真2. 下の個体にはすき間がある

授業時間に羽化！

ワークシート①	月　　日　天気　　　気温　　℃
昆虫の成長と体のつくり	年　　組　名前

めあて　チョウのよう虫は何を食べているのか調べよう

問い　どの種類のチョウのよう虫も，同じものを食べているでしょうか

よそう
　ア．どの幼虫も同じものを食べている
　イ．種類によって食べるものがちがう
　ウ．その他（　　　　　　　　　　　　）

調べる　いろんな種類のチョウのよう虫が何を食べているか図鑑やパソコンで調べよう

　○モンシロチョウ→
　○アゲハ→
　○キアゲハ→
　○ツマグロヒョウモン→
　○オオムラサキ→

わかったこと・自分の考え

ワークシート②	月　日　天気　　　気温　　℃
昆虫の成長と体のつくり	年　組　名前

めあて　　チョウのたまごをかんさつしよう

かんさつ　　たまごの様子をスケッチしましょう

気づいたこと　　かんさつしている時に気づいたことを書き，友達にしょうかいしましょう

ワークシート③	月　日　天気　　気温　　℃
昆虫の成長と体のつくり	年　組　名前
めあて	よう虫の体や動き方をくわしくかんさつしよう

かんさつ

かんそう

ワークシート④	月　日　天気　　気温　　℃
昆虫の成長と体のつくり	年　組　名前
めあて	羽化するようすをくわしくかんさつしよう

かんさつ

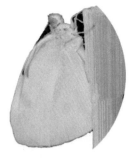

かんそう　　..

　　　　　　　..

ワークシート⑤	月　日　天気　　気温　　℃
昆虫の成長と体のつくり	年　組　名前
めあて	チョウの一生をまとめよう

しつ問　チョウは，どんなじゅんで育つのでしょう

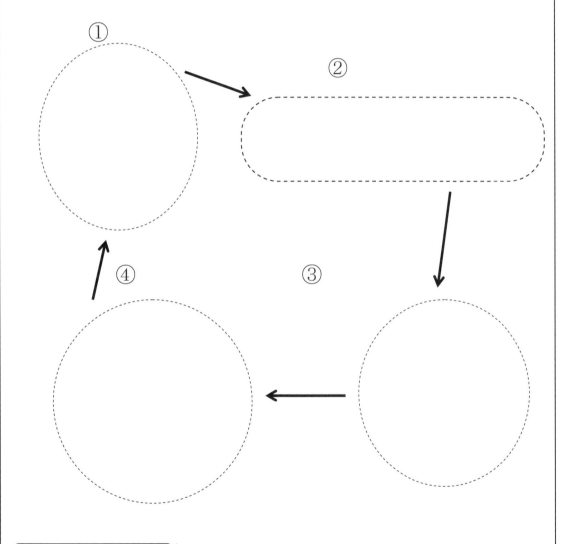

わかったこと

ワークシート⑥	月　日　天気　　気温　　℃
昆虫の成長と体のつくり	年　組　名前

めあて　チョウの体のつくりをくわしく調べよう

しつ問
チョウの体は、いくつに分かれているでしょう
足は何本で、どこについているでしょう
目、口、しょっ角は、どこにあるでしょう

かんさつ

わかったこと

ワークシート⑦	月　日　天気　　気温　　℃
昆虫の成長と体のつくり	年　組　名前

めあて	こん虫のすがたとすみかを調べよう

めあて　こん虫はどんな場所をすみかにしているのでしょうか
こん虫の形や色とすみかの関係をしらべましょう

さい集

気づいたこと

ワークシート⑧	月　　日　天気　　　気温　　　℃
昆虫の成長と体のつくり	年　　組　名前

めあて　　いろんなこん虫の体のつくりを調べよう

しつ問
ほかのこん虫の体も，頭・むね・はらの３つに分かれているでしょうか
足は何本で，どこについているでしょう
目，口，しょっ角は，どこにあるでしょう

かんさつ

わかったこと

ワークシート⑨	月　　日　天気　　　気温　　℃
昆虫の成長と体のつくり	年　　組　名前
めあて	こん虫の育ちのちがいをくらべよう

しつ問 さなぎになるこん虫と，さなぎにならずにせい虫に育つこん虫をくらべてみましょう

育ち方	さなぎになる		さなぎにならない	
こん虫	チョウ	カブトムシ	バッタ	カマキリ
よう虫の形				
せい虫の形				
よう虫の食べ物				
せい虫の食べ物				

わかったこと

----

4 風とゴムの力のはたらき

3年生で初めて理科を学習する子どもたちにとって、この単元は初めての「実験」となります。1学期当初は植物や昆虫の観察が主で季節や天候に左右されるものであり、自分で実験を組み立てたり工夫したりする余地はほとんどありません。それに対してこの単元は物理分野であり、いつでも実験でき、その中に自分たちの工夫も加えることができます。だからこそ、実験を組む基本をしっかりとマスターさせます。実験には問いがあり、予想を立て、結果が出て、そこから考察を導き出します。班の中で予想を言いやすい雰囲気にしておきましょう。

育成する資質・能力

【知識及び技能】
風やゴムにより物が動く力が発生することを知り、それを制御したり大きくしたりすることができる。

【思考力,判断力,表現力等】
風やゴムの性質について追究する中で、どうすれば条件をそろえた実験ができるかを考える。また、差異点や共通点を基に、結果をまとめ、発表する力を養う。

【学びに向かう力,人間性等】
自分で実験を工夫したり、主体的に参加できる。班で相談したり役割分担ができる。自分の役割を果たし、話し合いにしっかりと参加できる。

単元の構成
※丸付数字はワークシートの番号

第一次　導入
　第1時　風やゴムは何に利用されているだろうか…①
　第2時　風やゴムで物を動かしてみる…②

第二次　風の力を調べる
　第1時　いろいろな風を当てて車を走らせる…③
　第2時　風の強さと車の走る距離を調べる…④

第三次　ゴムの力を調べる
　第1時　ゴムの伸びと車の走る距離…⑤
　第2時　ゴムの本数と車が走る距離…⑥

第四次　発展学習（プロペラカー）
　第1時　風やゴムの力で車を動かす…⑦
　第2時　実験の記録を残す…⑧

解説とワークシートの解答

第一次 第1時 ワークシート① 「風やゴムは何に利用されているだろうか」

目標 ▶ 風やゴムで何かが動くことを思い出す。

準備物
□風鈴や輪ゴムなど風やゴムで動く物（さりげなく準備し、その場でゴムパッチンやゴム鉄砲を作れたら良い。紙風船やゴム風船もあると良い。）

授業の流れ
① 風やゴムで動く物について身のまわりや経験から思い出す。
↓
② ワークシートに思い出したことを絵や文字でまとめる。
↓
③ 何を調べていきたいのか学習課題を設定させる。

指導のポイント
● 本時は風やゴムなど生活や遊びの中からものを動かすという力学的、エネルギー的な発想に児童の考えをもっていくことにあります。同時にこれからの学習に見通しをもたせる第一歩になります。遊びの延長とならぬよう物が動くことを中心に考えさせましょう。
● ここでは風やゴムで動く物が思い出せたら良いのですが、すぐに出そろってしまいそうです。風船や輪ゴム、割り箸などで簡単な工作ができると楽しいでしょう。

ワークシート①　6月23日 天気 くもり 気温 29℃
風とゴムの力のはたらき　3年 1組 名前 國眼 厚志
めあて　風やゴムで何かが動くことを思い出そう

しつ問　風やゴムで動くものにはどんなものがありますか？
風…風りん，風車，こいのぼり，たこ（たこあげ）
ヨット，気球，風船，紙風船
ゴム…ゴム鉄ぽう，パチンコ，ゴムパッチン
バンジージャンプ

しつ問　風に気づくのはどんなときですか？
風りんがなるとき，台風でものがとばされるとき
自てん車でむかい風がきてこぎにくくなるとき，
こいのぼりが風でたなびくとき

しつ問　ゴムをどんなときにつかいましたか？
ものをはさんでとめるとき，ゴムとびをするとき
自てん車のに台にものをとめるとき
ズボンやパンツがずらないようにするとき

第一次 第2時 ワークシート② 「風やゴムで物を動かしてみる」

目標 ▶ 実際に風やゴムで物を動かし、力がはたらいていることを考えさせる。

準備物
□紙風船　□車（キットの物が良い）
□扇風機　□送風機　□ゴム　□風船
□ゴミ袋など。

授業の流れ
① めあてを確認し、どんなものをどのように動かすか考え、活動の見通しをもつ。
↓
② 教室にあるものを実際に風やゴムで動かしてみる。
↓
③ 風やゴムでものを動かして分かったことを絵や文でワークシートにまとめる。

指導のポイント
● この授業では前時の導入をさらに深化させ、風やゴムを用いて実際にいろいろな物を動かしてみます。ここではできるだけ「動かす」こと以外はそう指示をせず、子どもたちで実験を組ませてみたいものです。主体的に実験を考えさせる時間が単元の中でいくつかあって欲しいと思います。
● 前時とこの時間を合わせて導入と考えます。時間があればキットの車を製作完了できれば次時からの授業が楽になります。キット教材については単元末を参照。

ワークシート②　6月26日 天気 くもり 気温 27℃
風とゴムの力のはたらき　3年 1組 名前 國眼 厚志
めあて　風やゴムで何かを動かそう

じっけん　教室にあるものを風でうごかしてみよう
①紙風船を口でふいてうごかす。
②車をうちわで走らせる。
③せん風きで風をあつめる。
④風せんの口をあけて，その風で車をうごかす。

じっけん　教室にあるものをゴムでうごかしてみよう
①わりばしゴムをわゴムでとばす。
②紙をわゴムでとばす。
③牛にゅうパックのはっしゃきでぼうをとばす。

わかったこと
風はものをうごかす力がある。うちわでたくさんあおぐと車はよくすすむ。ゴムをのばすと強い力がはたらく。

4 風とゴムの力のはたらき

解説とワークシートの解答

第二次 第1時 ワークシート③「いろいろな風を当てて車を走らせる」

目標 ▶ 車にいろいろな風を当て，風の強さと車の動きを見て，関連性を考えさせる。

準備物
□風船 □車（キット） □うちわ □扇風機 □送風機 □ゴミ袋 □ゴム風船など（実験場所は実際に自然の風が吹いている場所で床が平らなところが良い。風のある日の体育館がベスト）

授業の流れ

① 風船やうちわなどのいろいろな風で車を走らせる計画をたてる。
↓
② 走らせた様子をワークシートに整理する。
↓
③ 風の強さと車の動くきょりの関係をまとめる。

指導のポイント
- 前時の自由な実験に対して本時はできれば自然の風，うちわ，送風機と風の種類を変えて実験をさせたいところです。条件を統一するためには最終的には送風機が一定の風を与えることができるという判断に達する過程を味わわせたいです。
- どんな風を当てるかは教師側で考えておきますが，できれば子どもの発言がある方が望ましいので，体育館にうちわや送風機などをさりげなく置いておきましょう。

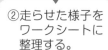

ワークシート③　6月28日　天気くもり　気温28℃
風とゴムの力のはたらき　3年　1組　名前　國眼　厚志
めあて　いろいろな風をあてて車を走らせよう

じっけん　① 風があるところで走らせてみる。
けっか　① 風が強いと走った（風がないと走らない）
じっけん　② うちわであおいで走らせてみる。
けっか　② 強くあおぐと走った（弱いと走らなかった）
じっけん　③ そう風きで走らせてみる。
けっか　③ 走った。
わかったこと
風の力で車を走らせることができた。いろいろな風ではわかりにくいので，そう風きで強さをきめて走らせるといい。走ったきょりでくらべるのがいい。

第二次 第2時 ワークシート④「風の強さと車の走る距離を調べる」

目標 ▶ 風の力の大きさを変えると物が動く様子（車が動く距離）が変わることを気付かせる。

準備物
□車（キットの物）□ビニールテープ □送風機 □メジャーまたは1m定規（実験場所は床が平らで障害物の無いところ（体育館か廊下）がよい。）

授業の流れ

① 問いを理解し，自分の予想を立て，理由を話し合う。
↓
② 風の強さを変えて，車が走る距離を比べる。
↓
③ 実験から分かったことをワークシートにまとめる。

指導のポイント
- 前時は実験して即結果が出る形でした。ここで「予想（理由）」「実験」「結果」「考察」の流れを作り，今後は実験には必ず予想が必要で結果から「考察」を導き出すことが必要だと力説しましょう。車が受ける力＝車が進む距離と設定します。予想を立て実験することを定着させましょう。
- 送風機なら一定の風が送れることを理解させます。強い・弱いの設定もできます。実験には条件を統一する必要があることにぜひ触れていきたいですね。

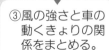

ワークシート④　6月30日　天気くもり　気温28℃
風とゴムの力のはたらき　3年　1組　名前　國眼　厚志
めあて　風の強さと車が走るきょりを調べよう

しつ問　風が強くなると風がものを動かす力も強くなるだろうか
よそう
ア．風が強い方が車はとおくまで行く。
イ．風が弱い方が車はとおくまで行く。
ウ．どちらもかわらない。
理ゆう
ア．台風のように強い風がふくと物が動くから。
イ．強い風がふいてもものが動かないから。
ウ．風の強さにはかんけいないと思うから。
けっか
風が強い方が車がとおくまで走った。
わかったこと
風はものを動かす力がある。その力は風が強いほど大きい。

解説とワークシートの解答

第三次 第1時 ワークシート⑤ 「ゴムの伸びと車の走る距離」

目標 ゴムの力は物を動かすことができること，それはゴムの伸びによって変えることができることに気付かせる。

準備物 □車(キットの物) □ビニールテープ □輪ゴム □メジャーまたは1m定規(実験場所は床が平らで障害物の無い体育館か廊下がよい。)

授業の流れ

①問いを理解し，自分の予想を立て，理由を話し合う。

②ゴムを引っぱる長さを変えて，車が走る距離をくらべる。

③実験から分かったことをワークシートにまとめる。

指導のポイント

●実験で大切なのは条件の整備です。ゴムを引っ張る長さに着目するなら，それ以外は統一することが必要だと認識させましょう。
また，クラスや班で引っ張る長さを決め，それに対して予想し，結果を出して考察させていきましょう。
●風は風そのものが力を発生しますが，ゴムの場合はゴムそのものに力は無く，伸ばしたゴムが元に戻るときに力が発生することを理解させましょう。

ワークシート⑤　7月5日　天気 雨　気温 26℃
風とゴムの力のはたらき　3年 1組 名前 國眼 厚志

めあて ゴムの力を調べよう

しつ問 わゴムを引っぱる長さをかえるとゴムの力はどうなるのだろうか

よそう
ア．長く引っぱる方がとおくまで行く。
イ．みじかく引っぱる方がとおくまで行く。
ウ．どちらもかわらない。

理ゆう
ア．長く引っぱると，強い力がはたらきそう。
イ．みじかい方が力がたまりそうだから。
ウ．同じゴムだから同じくらいとおくへ行く。

けっか わゴムを長く引っぱる方が車はとおくまで行った。

わかったこと ゴムにはものをうごかす力がある。そして，その力はゴムを長く引っぱる方が大きい。

大切なこと 実けんはくらべるもの(今回は引っぱるゴムの長さ)いがいは じょうけんをそろえなければいけない。

第三次 第2時 ワークシート⑥ 「ゴムの本数と車の走る距離」

目標 ゴムの力は物を動かすことができること，それはゴムの伸びによって変えることができることに気付かせる。

準備物 □車(キットの物) □ビニールテープ □輪ゴム □メジャーまたは1m定規(実験場所は床が平らで障害物の無い体育館か廊下がよい。)

授業の流れ

①問いを理解し，自分の予想を立て，理由を話し合う。

②わゴムの本数を変えて，車が走る距離を比べる。

③実験から分かったことをワークシートにまとめる。

指導のポイント

●ここでは条件の整備がポイントです。ゴムの伸ばした長さではなく，ゴムの本数に着目することに気づかせたいですね。本数を変えるなら伸ばす長さは常に一定にします。何を変えるかが実験ではとても大切であることを強調しましょう。
●自由に本数を変えるのではなく，1本，2本，多くても3本までとし，予想させます。本数を増やすのは太さを増すことにつながることにも気付かせたいですね。

ワークシート⑥　7月7日　天気 くもり　気温 29℃
風とゴムの力のはたらき　3年 1組 名前 國眼 厚志

めあて ゴムの力を調べよう

しつ問 わゴムの本数をかえるとゴムの力はどうなるだろうか

よそう
ア．1本のときの方がとおくまで行く。
イ．2本のときの方がとおくまで行く。
ウ．どちらもかわらない。

理ゆう
ア．1本だとゴムが軽くてよくはじきそう。
イ．2本の方がゴムがもどる力がありそう。
ウ．同じゴムだから，同じくらいまで行く。

けっか わゴム2本の方がとおくまで走った。

わかったこと ゴムにはものをうごかす力がある。そして，その力はゴムの本数が多いと強くなる。

大切なこと 実けんはくらべるもの(今回は引っぱるゴムの本数)いがいは じょうけんをそろえなければいけない。

4 風とゴムの力のはたらき

解説とワークシートの解答

第四次 第1時 ワークシート⑦ 「風やゴムの力で車を動かす」

目標 ゴムと風の力でプロペラカーを動かし，ゴムの本数やまき方を変えると風の強弱が変わり，風の強弱が変わると車の進む距離が変わることに気付かせる。

準備物 □車（キットの物） □ビニールテープ □輪ゴム □メジャーまたは1m定規（実験場所は床が平らで障害物の無い体育館か廊下がよい。）

授業の流れ

① プロペラカーの仕組みを理解し，ゴムの本数や巻き方と車の進み方を予想する。

② わゴムの本数や巻く回数を変えて，車が走る距離を比べる。

③ 実験から分かったことをワークシートにまとめる。

指導のポイント

● 本時は発展学習です。キットにプロペラがあればぜひ行ってみましょう。「主体的」な自由実験にしてもいいです。ここでは複合的な力の要素を扱いますが，やはり巻く回数を調べるならゴムの本数は変えない。ゴムの本数を調べるのなら巻く数を一定にするなどの条件整備が必要であることに気付かせてください。ゴムを多く巻く（多いゴムで巻く）→風が強く起こる　という考えに行きつきたいですね。

ワークシート⑦

7月10日　天気 くもり　気温 31℃
風とゴムの力のはたらき　3年 1組　名前 國眼 厚志

めあて 風やゴムの力をつかって車を動かそう

しつ問1 わゴムをまく回数をかえるとプロペラカーの進むきょりはかわるだろうか

よそう **理ゆう**
ア．多くまく方がとおくに進む　→　まく方が力がでるから。
イ．少ない方がとおくに進む　→　まきすぎると力がでない。
ウ．どちらもかわらない。　→　同じゴムだから。

けっか 多くまく方がとおくにすすんだ。

しつ問2 わゴムをまく本数をかえるとプロペラカーの進むきょりはかわるだろうか

よそう **理ゆう**
ア．2本の方がとおくに進む　→　2本分の力がでるから
イ．1本の方がとおくに進む　→　太くなって動きにくい
ウ．どちらもかわらない　→　同じゴムだから。

けっか 2本まいた方がとおくにすすんだ。

わかったこと ゴムを多くまいたり，本数をふやしたりすると風をおこす力が大きくなる。

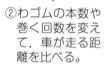

第四次 第2時 ワークシート⑧ 「実験の記録を残す」

目標 班で協力してデータを整理し，風やゴムの力のはたらきについてまとめる。

準備物 □第一次から第四次までの準備物（授業ワークシートとともにワークシート⑧を配布し，班員のデータを記録する。自由実験の場合はこの表をもとに，ノートにそれぞれ表を自作する。）

授業の流れ

① 自分と友達の実験結果が同じかどうか調べることをしる。

② ワークシートに班の人の実験結果を写して比べる。

③ それぞれの実験結果は異なっても，風やゴムの性質は同じであることに気付く。

指導のポイント

● 本単元では数多くの実験を行います。全員のデータを残しておくと，話し合う際に班での意見が言いやすいでしょう。このワークシートは最初に渡してもよいし，一つひとつの表を切って渡しても構いません。まだ，算数で「平均」を学習していないので，班での平均を求めることは難しいですが，中央値なら簡単に出せます。班の中央値を全部の班で出させ，それを先生の方で簡単なグラフにして見せるとよいでしょう。

ワークシート⑧

7月12日　天気 くもり　気温 31℃
風とゴムの力のはたらき　3年 1組　名前 國眼 厚志

めあて じっけんの記ろくをまとめよう

【風の強さと車の走るきょり】

風の強さ＼名前	國眼	福井	髙田	泉	志水	山田
強い風	3m50cm	3m80cm	3m40cm	3m25cm	3m10cm	3m90cm
弱い風	1m2cm	1m50cm	97cm	1m10cm	1m32cm	1m90cm

【ゴムの伸びと車の走るきょり】

ゴムの長さ＼名前	國眼	福井	髙田	泉	志水	山田
20cm	4m50cm	4m03cm	3m90cm	4m32cm	4m22cm	4m65cm
10cm	2m66cm	1m95cm	2m20cm	2m65cm	2m51cm	2m61cm

【ゴムの本数と車の走るきょり】

ゴムの数＼名前	國眼	福井	髙田	泉	志水	山田
2本	3m51cm	3m31cm	3m26cm	2m56cm	3m17cm	3m16cm
1本	1m92cm	1m80cm	2m2cm	1m56cm	1m92cm	2m1cm

【プロペラカー：ゴムのまく数と車の走るきょり】

まく数＼名前	國眼	福井	髙田	泉	志水	山田
100回	2m4cm	2m12cm	1m93cm	2m10cm	2m16cm	2m21cm
50回	1m16cm	1m27cm	98cm	1m10cm	1m27cm	1m30cm

【プロペラカー：ゴムの本数と車の走るきょり】

ゴムの数＼名前	國眼	福井	髙田	泉	志水	山田
2本	1m67cm	2m1cm	1m71cm	1m96cm	1m72cm	1m85cm
1本	78cm	96cm	85cm	90cm	85cm	90cm

データをまとめてわかったこと
一人ひとりのきょりはちがうけど，結果は同じだとわかった。

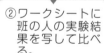

ポイント解説

 ## 単元の魅力

　前述したように，3年生で初めて理科を学習し，この単元は実験らしい実験のスタートとなります。子どもたちは「実験」と言うだけで大喜びし，時にふざけたり収拾がつかなくなることもしばしば起こります。「きちんと話を聞かないと実験できないよ」「『そこまで』と言ったら実験は終わって前を見るんだよ」などと，指示を聞く約束をしておかなければただの遊びの時間になってしまうこともあり得ます。その上で，「この時間は自分たちのやりたい実験を考えさせよう」「この時間はしっかりと条件を揃えて結果を出そう」などと分けて考えることも大切だと思います。本書では第一次では自分たちだけで考えて行うのもOK。でもそれを踏まえて第二次ではルールを決めた実験をしよう…などと授業によって切り替えることも必要だと思います。子どもたちの能動的な取組がぜひ単元で1時間か2時間は取れたらさらに意欲的になるでしょう。この「風とゴムの力のはたらき」では実験結果がかなりこちらが期待した通りのものになりやすく，その点では初めての実験としてはやりやすいと思います。その分，予想をくつがえすようなダイナミックさには欠けますが，流れやしつけをしっかりと身につけるには最適な単元でしょう。

 ## キットの管理は大切

　本単元の学習では多くの先生方は市販のキット教材を使われるかと思います。段ボールに竹串をさして転がすような車も可能ですが，車の精度が今一つであったなら，風やゴムで進む距離にも精度を欠き，せっかく強い風を送っても進まないということが生じてしまいます。事情があって買わせられない場合でも車軸とタイヤは市販のものを使われる方がよいでしょう。

　キット教材を初めて使われる場合は，今後のこともあり，箱や部品の扱いについて年間（4年間）を通したルール設定が必要です。①箱には名前を書く②部品すべてに名前を書く③チャック付きビニール袋を用意し，細かい部品はそこに入れ，袋にも名前を書く④部品は毎回箱に片付け，部品が落ちないよう箱はセロハンテープで留めるなどのルールをしっかり身につけさせましょう。ここでは車の製作時間を授業の中に入れていません。第一次の第2時あたりで製作し，少し風を当てたり手で進めたりして軽い実験風に取り組ませてもよいでしょう。ここで④の毎回箱に入れる作業については帆を立てることでできにくい可能性もあります。その場合でも本体の車をきちんとロッカーに入れさせるとともに残った部品は箱に入れ，担任が預かっておきましょう。

ワークシート①	月　　日　天気　　　気温　　　℃
風とゴムの力のはたらき	年　　組　名前

めあて　風やゴムで何かが動くことを思い出そう

しつ問　風やゴムで動くものにはどんなものがありますか？

しつ問　風に気づくのはどんなときですか？

しつ問　ゴムをどんなときにつかいましたか？

ワークシート②	月　日　天気　　気温　　℃
風とゴムの力のはたらき	年　組　名前

めあて　風やゴムで何かを動かそう

じっけん　教室にあるものを風でうごかしてみよう

じっけん　教室にあるものをゴムでうごかしてみよう

わかったこと

ワークシート③	月　　日　天気　　気温　　℃
風とゴムの力のはたらき	年　　組　名前

めあて	いろいろな風をあてて車を走らせよう

じっけん ①＿＿＿＿＿＿＿＿＿＿＿＿＿＿＿＿＿＿＿＿＿

けっか ①＿＿＿＿＿＿＿＿＿＿＿＿＿＿＿＿＿＿＿＿＿

じっけん ②＿＿＿＿＿＿＿＿＿＿＿＿＿＿＿＿＿＿＿＿＿

けっか ②＿＿＿＿＿＿＿＿＿＿＿＿＿＿＿＿＿＿＿＿＿

じっけん ③＿＿＿＿＿＿＿＿＿＿＿＿＿＿＿＿＿＿＿＿＿

けっか ③＿＿＿＿＿＿＿＿＿＿＿＿＿＿＿＿＿＿＿＿＿

わかったこと

- -

- -

- -

ワークシート④	月　日　天気　　気温　　℃
風とゴムの力のはたらき	年　　組　名前
めあて	風の強さと車が走るきょりを調べよう

しつ問　風が強くなると風がものを動かす力も強くなるだろうか

よそう

ア. _____

イ. _____

ウ. _____

理ゆう

_____

_____

_____

けっか

_____

わかったこと

- -

- -

- -

ワークシート⑤	月　日　天気　　気温　　℃
風とゴムの力のはたらき	年　組　名前

めあて　ゴムの力を調べよう

しつ問　わゴムを引っぱる長さをかえるとゴムの力はどうなるのだろうか

よそう
ア．＿＿＿＿＿＿＿＿＿＿＿＿＿＿＿＿＿
イ．＿＿＿＿＿＿＿＿＿＿＿＿＿＿＿＿＿
ウ．＿＿＿＿＿＿＿＿＿＿＿＿＿＿＿＿＿

理ゆう

けっか

わかったこと

ワークシート⑥	月　日　天気　　気温　　℃
風とゴムの力のはたらき	年　　組　名前

めあて　ゴムの力を調べよう

しつ問　わゴムの本数をかえるとゴムの力はどうなるだろうか

よそう

ア. _____

イ. _____

ウ. _____

理ゆう

_____

_____

_____

けっか

_____

わかったこと

- -

- -

- -

- -

ワークシート⑦	月　　日　天気　　　気温　　℃
風とゴムの力のはたらき	年　　組　名前

めあて	風やゴムの力をつかって車を動かそう

しつ問1　わゴムをまく回数をかえるとプロペラカーの進むきょりはかわるだろうか

よそう **理ゆう**

ア．＿＿＿＿＿＿＿＿＿＿→＿＿＿＿＿＿＿＿＿＿

イ．＿＿＿＿＿＿＿＿＿＿→＿＿＿＿＿＿＿＿＿＿

ウ．＿＿＿＿＿＿＿＿＿＿→＿＿＿＿＿＿＿＿＿＿

けっか　＿＿＿＿＿＿＿＿＿＿＿＿＿＿＿＿＿

しつ問2　わゴムをまく本数をかえるとプロペラカーの進むきょりはかわるだろうか

よそう **理ゆう**

ア．＿＿＿＿＿＿＿＿＿＿→＿＿＿＿＿＿＿＿＿＿

イ．＿＿＿＿＿＿＿＿＿＿→＿＿＿＿＿＿＿＿＿＿

ウ．＿＿＿＿＿＿＿＿＿＿→＿＿＿＿＿＿＿＿＿＿

けっか　＿＿＿＿＿＿＿＿＿＿＿＿＿＿＿＿＿

わかったこと　＿＿＿＿＿＿＿＿＿＿＿＿＿＿

＿＿＿＿＿＿＿＿＿＿＿＿＿＿＿＿＿＿＿＿＿＿＿

ワークシート⑧	月　　日　天気　　　気温　　℃
風とゴムの力のはたらき	年　　組　名前

めあて	じっけんの記ろくをまとめよう

【風の強さと車の走るきょり】

風の強さ＼名前						
強い風						
弱い風						

【ゴムの伸びと車の走るきょり】

ゴムの長さ＼名前						
cm						
cm						

【ゴムの本数と車の走るきょり】

ゴムの数＼名前						
本						
本						

【プロペラカー：ゴムのまく数と車の走るきょり】

まく数＼名前						
回						
回						

【プロペラカー：ゴムの本数と車の走るきょり】

ゴムの数＼名前						
本						
本						

データをまとめてわかったこと

5 太陽と地面の様子

大人になって自分の影をじっと見つめる機会はあまりないのではないでしょうか。しかし，子どもの頃のことを思い出してください。運動場に伸びる冬の夕方の長い影。キツネや鳥を動かした影遊び。汗びっしょりになった影踏み。自分と同じポーズでずっとついてくる影の不思議さと面白さに時間を忘れて遊んだ日々。そんな科学の原体験を子どもたちにもたっぷり味わわせてあげたいですね。屋外の影は太陽の動きと密接に関係します。また，日なたと日かげの地面の様子やあたたかさの違いも太陽と繋がっています。身近な生活と大宇宙をつなげることも本単元の魅力です。

育成する資質・能力

【知識及び技能】

①日陰は太陽の光を遮るとでき，日陰の位置は太陽の位置の変化によって変わること
②地面は太陽によって暖められ，日なたと日陰では地面の暖かさや湿り気に違いがあることを理解する。

【思考力，判断力，表現力等】

日なたと日陰の様子を比較しながら調べる活動を通して，太陽と地面の様子との関係についての問題を見いだし，表現する。

【学びに向かう力，人間性等】

差異点や共通点から問題を見いだす力や主体的に問題解決しようとする態度を育成する。

単元の構成　※丸付数字はワークシートの番号

第一次　太陽とかげ
- 第1時　かげふみをして遊ぶ…①
- 第2時　太陽はかげのどちら側にあるか…②
- 第3時　かげの向きと太陽の位置1…③
- 第4時　かげの向きと太陽の位置2…④

第二次　日なたと日かげの地面
- 第1時　日なたと日かげの地面の様子の違いをくらべる…⑤
- 第2時　日なたと日かげの地面のあたたかさの違いをくらべる…⑥

解説とワークシートの解答

第一次 第1時 ワークシート① 「かげふみをして遊ぶ」

目標 影踏みの必勝法を考える活動を通して，太陽と影の性質に興味をもつことができるようにする。

準備物 とくに準備物は必要ないですが，天気のよい日でなければ活動できません。

授業の流れ
① 影踏みをした経験を話し合い，ルールを確認する。
↓
② どうすれば影踏みで勝つことができるか予想し，実験する。
↓
③ 気付いたことをワークシートにまとめ，意見を交流する。

指導のポイント
● 日常生活で「影」を意識することはあまりありません。本時は影踏み鬼をすることで「影」の性質に目を向けさせます。
● 日影のない運動場に線を引いて範囲を決めます。これはあくまで理科の実験なので余計な条件を減らして太陽と影に意識を向けさせるためです。勝ち負けにこだわりすぎるのも本来の目的から離れてしまいます。明確な課題をもたせ，短時間で切り上げるのも理科の授業成功のコツです。
運動欲求の不完全燃焼は休み時間に十分発散させてあげてください。

第一次 第2時 ワークシート② 「太陽はかげのどちら側にあるか」

目標 しゃ光プレートで太陽の向きを確かめたり，高い所から色々な物の影の向きを調べたりする活動を通して，かげが太陽の反対側にできることに気付くようにする。

準備物 □遮光プレート

授業の流れ
① かげができる時の太陽がどちら側にあるか遮光プレートで観察する。
↓
② いろいろな物の影が太陽の向きのどちら側にあるか高い所から観察する。
↓
③ 観察で分かったことをワークシートにまとめる。

指導のポイント
● この授業では前時の導入をさらに深化させ，風やゴムを用いて実際にいろいろな物を動かしてみます。ここではできるだけ「動かす」こと意外はそう指示をせず，子どもたちで実験を組ませてみたいものです。主体的に実験を考えさせる時間が単元の中でいくつかあって欲しいと思います。
● 遮光プレートを初めて使うと太陽の位置を確認するために目から遮光プレートをはずす児童がいます。とても危険なので，太陽を直接見てはいけないことをくり返し伝えてください。

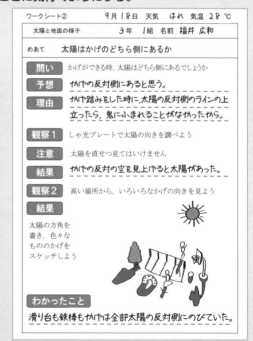

5　太陽と地面の様子

解説とワークシートの解答

第一次 第3時 ワークシート③ 「かげの向きと太陽の位置1」

目標　影の向きと長さを調べる活動を通して，影は時間とともに動き，長さも変わることに気付くことができるようにする。

準備物
- □方位磁針
- □棒

授業の流れ

①方位磁針で方角を調べ，ワークシートをセットし，棒をたてる。

↓

②1時間ごとに影の長さと向きを調べる。

↓

③結果をワークシートに記録する。

指導のポイント

- ここで方位磁針を初めて使います。教科書の説明を読んで正しい使い方を練習して下さい。
- 子どもによっては方位そのものが分からない場合があります。空間認知を上下左右などの自分中心から他視点の方位へと発達させる段階にまだ到達していないからだと思います。
- 学習のユニバーサルデザインとして教室の壁に東西南北の表示を掲げたり，方位磁針をもって屋上に上がり，遠くの景色がどの方位にあるかクイズ大会をしたりすることが全員の学びを保障する上で大切だと思います。

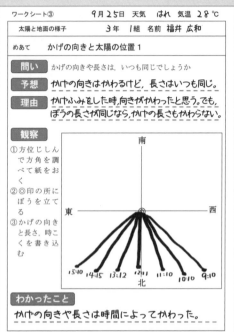

第一次 第4時 ワークシート④ 「かげの向きと太陽の位置2」

目標　太陽の向きと高さを調べる活動を通して，太陽は時間とともに動き，それに伴って影も動くことに気付くことができるようにする。

準備物
- □遮光プレート
- □方位磁針

授業の流れ

①遮光プレートで太陽の方位と高さを調べる。

↓

②ワークシートに太陽のおおよその方位と高さを記録する。

↓

③調べたことをもとに太陽の動きと陰の関係についてまとめる。

指導のポイント

- 前時では，棒の影が時間とともに西から東に動き，長さも変わることを学習しました。本時はその原因が太陽の動きに関係するという予想を立てて観察により検証します。太陽は影とは反対に東から西に向かって動きます。太陽と影が逆に動くことを2時の学習をもとに「太陽一物一影」の関係で考えさせて下さい。また，太陽高度は南中した時が一番高いのですが，影は最も短くなるので混乱する子どももいます。真上から光がさすと影が短くなることは，ライトを用いて教室で補足実験すると体感的に納得してくれます。

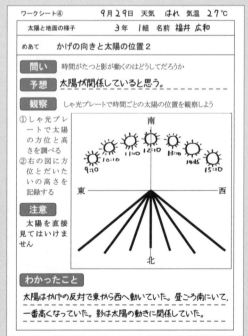

解説とワークシートの解答

第二次 第1時 ワークシート⑤「日なたと日かげの地面の様子の違いをくらべる」

目標 日なたと日かげの暖かさや湿り気をくらべる活動を通して，太陽と地面の様子との関係について気付くことができるようにする。

準備物 特になし

授業の流れ

① 日なたと日かげの地面の様子について問題を見いだし，予想を立てる。

② 日なたと日かげの地面を手で触り，暖かさや湿り気の違いを確かめる。

③ 観察から分かったことをワークシートにまとめる。

指導のポイント

- 日なたと日陰の地面の様子の違いが分かるように晴れた日に観察してください。
- 理科の授業では数字データを重視する傾向があります。数字には客観性があり，比較や並び替えなどの操作が容易だからです。その反面，見逃されがちなのが五感を通した感覚による理解です。次時では温度計を使用して正確に温度変化を測定しますが，結果の数値から「暖かい，冷たい」などの直観的イメージをもつことができると多面的で実際的に考察する能力が伸びていきます。3年生では実感を大切にした授業を普段から心がけるようにしてください。

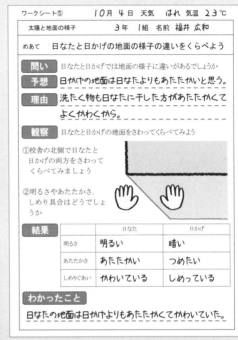

第二次 第2時 ワークシート⑥「日なたと日かげの地面のあたたかさの違いをくらべる」

目標 温度計を用いて日なたと日陰の地面の温度を計る活動を通して，地面が太陽の光によって暖められていることに気付くことができるようにする。

準備物 □温度計 □温度計カバー

授業の流れ

① 温度計の安全な使い方について考え，正しい計り方を練習する。

② 午前と午後に温度計を使って日なたと日影の温度を計る。

③ 結果をワークシートにまとめ，太陽と地面の暖まり方の関係を考える。

指導のポイント

- 前時の学習では五感を用いて調べました。本時は数値で測定するデータを使用します。五感に基づいた判断は大切ですが，比較することが難しいので数値による測定の大切さに気付かせます。時間に余裕があれば学校内の様々な場所を1時間ごとに測定し，グラフに表してみるといろんな発見ができますよ。
- 日光はまず地面を暖めます。次に暖まった地面は接触する空気を暖めるので気温が上がります。日陰の地面は湿っています。水は温まりにくく冷めにくいので温度変化が少なくなります。

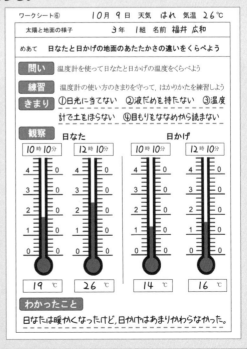

5　太陽と地面の様子

ポイント解説

影踏みをしよう

　影は身近な自然現象です。「光あるところに影あり」と言われるように，物事の好ましくない面や気がつきにくい点などを表すときに比喩的に使われることも多い言葉です。大人にとって影はありきたりであり，特に珍しいとは思わないかも知れません。では，質問です。影は何色でしょう？

　黒，と答えた方，改めて影を観察し直してみてください。影は決して黒色ではありません。場所によって灰色だったり，赤みがかっていたり，茶色っぽかったり，いろいろです。影は太陽光や電灯の強い光が届かない所にできますが，たいていは別の場所から光が回り込んで入り，完全な黒色にはならないものです。

　さて，太陽光の影の仕組みを体感的に知るには，「影踏み鬼ごっこ」が一番です。

　まずは，自由に影踏みをしてみましょう。やがて木陰や校舎の陰に逃げ込む人が現れてくるでしょう。影は日陰ではできなくて，ゲームになりません。そこで日なたで範囲を決めて再開します。日陰がないので運動量がぐんと増えます。さらに２人組やグループで鬼を決めて何秒で全員つかまえるか競争します。

　そのうちに必勝法が見えてきます。

①逃げる時は，太陽を背にして逃げると鬼に踏まれにくい。

②追いかける時は，相手が太陽に向かって逃げるように追い込んでいくこと。

③しゃがむと影が小さくなる。

④コートの北のラインに立つと絶対に踏まれない。

日なた当て

　全身の感覚を鋭敏にして「日なたあて」をしてみましょう。日なたと日影が入り交じった平坦な場所に行きます。２人組になり，１人は目隠しをします。手をつなぎ，もう１人がゆっくり案内します。日なたや日陰の境目をわざと通るようにします。目隠しをした人は，日なたや日陰に入ったと感じたら，「ここは日陰だね」とか「ここは日なたでしょ」と言います。目隠しをするだけで，普段気にとめていない微妙な温度変化がはっきりと感じられるようになります。全身で太陽の光を浴びてポカポカ温まる感じや日陰に入ってひんやりした感覚を楽しみましょう。案内役の人は，ゆっくり歩いてあげるのが安全のコツです。

自然は時間割を待ってくれない

　3年生の「太陽と地面の様子」と「光の性質」は，太陽が出ていないことには授業ができません。雨が降っていないからと言って，雲が切れていなければ，きちんとした観察はできないのです。「晴れの国」と呼ばれる岡山県ですら，時間割通り（月・水・金の3日間）に授業をするとなると下表のように1か月半もかかってしまいます。曇りで影がはっきりしない時には「植物の成長と体のつくり」の単元をしたり，雨で屋外に出られない時には国語や算数と差し替えたりして時間割を調整しながら進めていきます。理科は自然を相手にするので，臨機応変な授業運営が必要なのです。

年 月 日	曜日	最高気温	天気		単元名	時	学習内容
2017/9/1	金	30.7	晴後曇				
2017/9/2	土	30.3	晴				
2017/9/3	日	30.4	曇後晴				
2017/9/4	月	27.8	曇	302	植物の成長と体のつくり	7	実のようすを調べよう
2017/9/5	火	26.5	曇後時々雨				
2017/9/6	水	29.2	曇一時雨				
2017/9/7	木	26.5	雨，雷を伴う				
2017/9/8	金	31	晴	305	太陽と地面の様子	1	かげふみをして遊ぼう
2017/9/9	土	30.6	晴後薄曇				
2017/9/10	日	31.6	晴時々薄曇				
2017/9/11	月	29.3	曇	302	植物の成長と体のつくり	8	植物の一生をまとめよう
2017/9/12	火	29.3	曇時々雨				
2017/9/13	水	31.1	薄曇				
2017/9/14	木	28.9	薄曇				
2017/9/15	金	25.9	薄曇	302	植物の成長と体のつくり		テスト
2017/9/16	土	21.6	雨				
2017/9/17	日	27.1	曇後大雨，大風				
2017/9/18	月	28.7	晴一時曇	305	太陽と地面の様子	2	太陽はかげのどちら側にあるか
2017/9/19	火	27.9	薄曇				
2017/9/20	水	28.1	曇後一時雨				
2017/9/21	木	27.4	晴後曇				
2017/9/22	金	20.3	雨時々曇				
2017/9/23	土	27.4	曇				
2017/9/24	日	26.9	薄曇時々晴				
2017/9/25	月	28.7	晴	305	太陽と地面の様子	3	かげの向きと太陽の位置1
2017/9/26	火	28.8	晴				
2017/9/27	水	26.3	雨時々曇				
2017/9/28	木	24.6	曇後一時晴				
2017/9/29	金	27.1	晴一時曇	305	太陽と地面の様子	4	かげの向きと太陽の位置2
2017/9/30	土	27.1	晴				
2017/10/1	日	24.2	曇				
2017/10/2	月	21.6	大雨				
2017/10/3	火	27.7	曇後晴				
2017/10/4	水	23.3	晴	305	太陽と地面の様子	5	日なたと日かげの地面の様子の違い
2017/10/5	木	22.5	曇				
2017/10/6	金	19.1	雨一時曇				
2017/10/7	土	24.2	曇後一時晴				
2017/10/8	日	27.2	晴一時曇				
2017/10/9	月	29.3	快晴	305	太陽と地面の様子	6	日なたと日かげの地面のあたたかさの違い
2017/10/10	火	29.4	晴一時曇				
2017/10/11	水	29.5	曇後晴	305	太陽と地面の様子		テスト
2017/10/12	木	22.6	曇時々雨				
2017/10/13	金	18.6	雨時々曇				
2017/10/14	土	21.8	曇一時雨				
2017/10/15	日	18.6	雨				

ワークシート① 　　　月　　日　天気　　　　気温　　　℃

太陽と地面の様子　　　年　　組　名前

めあて　かげふみをして遊ぼう

問い　かげふみで負けないためには，どうすればよいでしょう

予想

実験　はんいを決めてかげふみをしよう

太陽→

結果

わかったこと

ワークシート②	月　日　天気　　　気温　　　℃
太陽と地面の様子	年　組　名前

めあて	太陽はかげのどちら側にあるか

問い　かげができる時，太陽はどちら側にあるでしょうか

予想　-------------------------------

理由　-------------------------------

観察1　しゃ光プレートで太陽の向きを調べよう

注意　太陽を直せつ見てはいけません

結果　-------------------------------

観察2　高い場所から，いろいろなかげの向きを見よう

結果

太陽の方角を
書き，色々な
もののかげを
スケッチしよう

わかったこと

ワークシート③	月　　日　天気　　　　気温　　　　℃

太陽と地面の様子	年　　組　名前

めあて　　かげの向きと太陽の位置１

問い　かげの向きや長さは，いつも同じでしょうか

予想　_____

理由　_____
_____

観察

① 方位じしんで方角を調べて紙をおく
② ◎印の所にぼうを立てる
③ かげの向きと長さ，時こくを書き込む

```
            南
            │
            │
   東 ──────◎────── 西
            │
            │
            北
```

わかったこと

_____

ワークシート④	月　日　天気　　　気温　　　℃
太陽と地面の様子	年　組　名前

めあて　かげの向きと太陽の位置２

問い　時間がたつと影が動くのはどうしてだろうか

予想　------------------------

観察　しゃ光プレートで時間ごとの太陽の位置を観察しよう

①しゃ光プレートで太陽の方位と高さを調べる
②右の図に方位とだいたいの高さを記録する

注意
太陽を直接見てはいけません

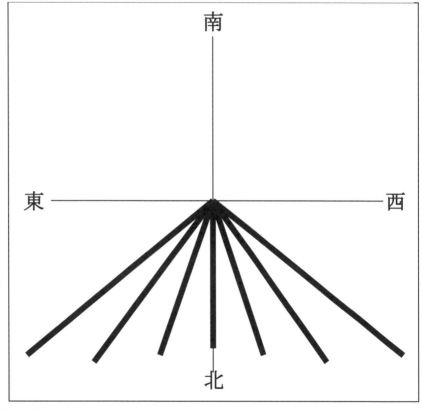

わかったこと

ワークシート⑤	月　　日　天気　　　　気温　　　　℃
太陽と地面の様子	年　　組　名前

めあて　日なたと日かげの地面の様子の違いをくらべよう

問い　日なたと日かげでは地面の様子に違いがあるでしょうか

予想

理由

観察　日なたと日かげの地面をさわってくらべてみよう

①校舎の北側で日なたと日かげの両方をさわってくらべてみましょう

②明るさやあたたかさ，しめり具合はどうでしょうか

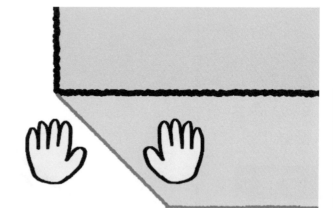

結果

	日なた	日かげ
明るさ		
あたたかさ		
しめりぐあい		

わかったこと

ワークシート⑥ 　　　　月　　日　天気　　　　気温　　　℃

| 太陽と地面の様子 | 年　　組　名前 |

めあて　日なたと日かげの地面のあたたかさの違いをくらべよう

問い　温度計を使って日なたと日かげの温度をくらべよう

練習　温度計の使い方のきまりを守って、はかりかたを練習しよう

きまり　——————————————————

観察

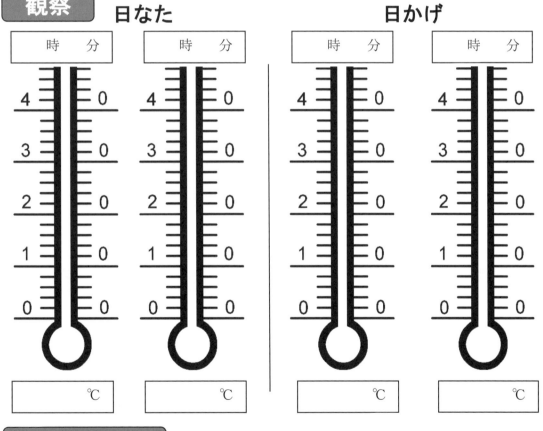

わかったこと

——————————————————

6 光の性質

本単元は「エネルギーの捉え方」に関わるものであり，中学校第１分野「(1) ア (ア) 光と音」の学習につながるものです。ここでは，光を当てたときの明るさや暖かさに着目して，光の強さを変えたときの現象の違いを比較しながら，光の性質について調べます。授業で扱う対象としては日光が想定されています。天気に注意して，晴れたら理科，曇りや雨なら国語にするなど，時間割の臨機応変な運用が大切です。また，日光は強いエネルギーをもつため，人の顔に向けて反射させたり，ルーペを窓際に放置したりすることがないよう注意が必要です。

育成する資質・能力

【知識及び技能】

① 日光は直進し，集めたり反射させたりできること
② 物に日光を当てると，物の明るさや暖かさが変わること

を理解する。

【思考力，判断力，表現力等】

光の強さを変えたときの明るさや暖かさの違いを比較しながら調べる活動を通して，光の性質についての問題を見いだし，表現する。

【学びに向かう力，人間性等】

差異点や共通点から問題を見いだす力や主体的に問題解決しようとする態度を育成する。

単元の構成

※丸付数字はワークシートの番号

第一次 はね返した日光の明るさと進み方
　第１時　鏡で日光をはねかえしてみる…①
　第２時　鏡で光のリレーをする…②

第二次 はね返した日光の暖かさ
　第１時　光の当たったところの暖かさ…③
　第２時　光を重ねてみる…④

第三次 集めた日光
　第１時　虫めがねで光を集める…⑤
　第２時　色とあたたまり方…⑥

解説とワークシートの解答

第一次 第1時 ワークシート① 「鏡で日光をはねかえしてみる」

目標 鏡を使って日光をはね返す活動を通して、光の性質に興味をもつことができるようにするとともに、光の当たった所が明るくなることに気付かせる。

準備物
- □平面鏡 □まと
- □黒画用紙

授業の流れ

①鏡でまとあてをする時のルールについて話し合う。

②きまりを守って光のまとあてをして遊ぶ。

③鏡で日光をはね返してわかったことをワークシートに書く。

指導のポイント

- 鏡を使った光のまとあてはとても楽しい活動です。しかし、学校の隣家や他の教室などに光をあてると気が散って迷惑です。また、車の運転手に当てると危険でもあります。活動の前に、してはいけないことや何故してはいけないのかについて話し合い、自分たちのルールを決めておくことが大切です。
- 多人数で光のまとあてをすると、自分の鏡で反射した光がどれか分からなくなることがあります。そんな時は、まず足元に向けて反射させ、それを次第に遠くにしていきます。また、黒画用紙やビニルテープを貼って目印にする方法もあります。

ワークシート①　10月23日　天気　はれ　気温　19℃

光の性質　　3年　1組　名前　福井　広和

めあて　鏡で日光をはねかえしてみよう

やくそく　光のまとあてをする時に、どんなことに気をつければよいか話し合おう

- 人や教室、学校のまわりの家や車に光をあてない。
- 太陽をちょくせつ見ない。
- かがみが割れないように、大切にあつかう。

遊び方の工夫　光のまとあてがうまくできないときに、どんな工夫をしたのか、きろくしよう

こまったこと	かいけつした工夫
光がでない	鏡を太陽に向ける
自分の光がまいごになる	足元からもう一度はじめる
だれの光かわからない	鏡に目じるしの黒い紙をはる

気がついたこと

校舎のかげになった所に光をあてると、明るくなった。
太陽を背にすると日光が鏡に当たらないので光がでない。

第一次 第2時 ワークシート② 「鏡で光のリレーをする」

目標 複数の鏡を使って光のリレーをする活動を通して、日光や鏡で反射された光が直進することに気付かせる。

準備物
- □平面鏡

授業の流れ

①1枚の鏡では反射した光の届かない場所に光を届ける課題を知る。

②グループで協力して光のリレーの方法を試行錯誤して発見する。

③実験を通して分かったことや気がついたことをワークシートにまとめる。

指導のポイント

- 1枚の鏡を使って日光を反射させたのではどうやっても届かない場所にまとを置き、グループで協力して光をリレーするというインポッシブルなミッションを与えることで、子ども達はとてもはりきって活動に取り組みます。そして試行錯誤を繰り返す中で入射角や反射角といった中学1年生で学習する内容を感覚的に体験します。この体を使った原体験が将来の学びを実感にもとづいた確かなものにしてくれます。
- 地面に鏡を立てると光跡がはっきりして光の直進性に気付きやすくなります。

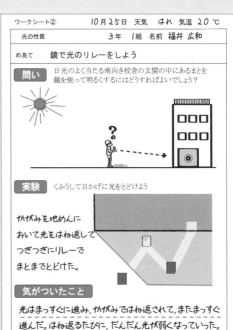

6 光の性質

解説とワークシートの解答

第二次 第1時 ワークシート③ 「光の当たったところの暖かさ」

目標 鏡を使って日影に日光を当てる活動を通して，反射させ光が当たった所が他の所より暖かくなっていることに気付かせる。

準備物
- □平面鏡
- □温度計
- □段ボール

授業の流れ

① 鏡ではね返した光が当たった所が暖かくなるか予想を立てる。
↓
② 光を当てない時と当てた時を比べて温度が変わるか調べる。
↓
③ ワークシートに実験結果と分かったことをまとめる。

指導のポイント
- 前単元「太陽と地面の様子」で体感した光の当たっている地面は暖かいという経験をもとに，鏡で反射した光も太陽の光と同じように物を暖めることができるか考えさせます。太陽光と反射光が同じかどうかという鏡の本質を探る実験です。
- 段ボールに温度計を挿した道具を作りますが，もっと単純に放射温度計を使うという方法もあります。光を当てた壁がみるみる暖かくなっていく様子をリアルタイムで見るのはとても楽しいですし，将来，日影の洗濯物を乾かしたり，部屋を暖めたりするアイデアのもとになる原体験となります。

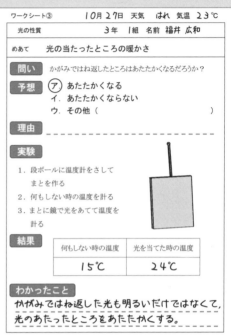

ワークシート③　10月27日　天気　はれ　気温 23℃
光の性質　3年　1組　名前　福井 広和
めあて　光の当たったところの暖かさ
問い　かがみではね返したところはあたたかくなるだろうか？
予想　(ア) あたたかくなる
　　　イ．あたたかくならない
　　　ウ．その他（　　）
理由　
実験
1．段ボールに温度計をさしてまとを作る
2．何もしない時の温度を計る
3．まとを鏡で光をあてて温度を計る

結果
何もしない時の温度	光を当てた時の温度
15℃	24℃

わかったこと
かがみではね返した光も明るいだけではなくて，光のあたったところをあたたかくする。

第二次 第2時 ワークシート④ 「光を重ねてみる」

目標 複数の鏡を使って日影に日光を当てる活動を通して，反射させ光が重なった所が他の所より暖かくなっていることに気付かせる。

準備物
- □平面鏡　□温度計
- □段ボール
- □ストップウォッチ

授業の流れ

① 1枚の鏡と3枚とで光が当たった所の暖かさが違うか予想を立てる。
↓
② 同じ時間で実験し，暖かさの違いを比べる。
↓
③ ワークシートに実験結果と分かったことをまとめる。

指導のポイント
- 本時のポイントは条件をそろえて実験することです。ここではストップウォッチを用いて同じ時間だけ光を当てるか，1枚と3枚を同時に実験するのでなければ正しく比べられないことに気付かせたいです。
- 条件制御の考え方は，主として5年生で育成を目指す問題解決の力であると考えられていますが，学習指導要領では他の学年においても十分に配慮することとされています。比較，関係付け，条件制御，多面的理解は各学年で繰り返し行うことで身につく考え方なのです。

ワークシート④　10月30日　天気　はれ　気温 16℃
光の性質　3年　1組　名前　福井 広和
めあて　光を重ねてみよう
問い　かがみではね返した光を重ねるとどうなるだろうか？
予想　(ア) 1枚の時よりもあたたかくなる
　　　イ．1枚の時と同じ
　　　ウ．その他（　　）
理由　
実験
1．段ボールに温度計をさしたまとをセットする
2．1枚のかがみの光を30秒間当てた時の温度を計る
3．3枚のかがみで温度を計る

結果
1枚の時の温度	3枚重ねた時の温度
25℃	45℃

わかったこと
光をかがみではね返して重ねると1枚よりあたたかくなる。

解説とワークシートの解答

第三次 第1時 ワークシート⑤ 「虫めがねで光を集める」

目標 虫眼鏡で紙をこがす活動を通して，光を集めると明るさも暖かさも強くなっていることに気付かせる。

準備物
- □虫めがね □木片
- □黒画用紙

授業の流れ

①虫めがねで光を集めると明るさや暖かさがどうなるかワークシートに記入する。

②虫めがねと紙の距離を調節し明るい所の大きさを変えるとどうなるか調べる。

③虫めがねで紙をこがすことができるか挑戦する。

指導のポイント

● とてもワクワクして心に残る実験です。煙が出て，今にも紙が燃え出すのではないかと思うのですが，なかなか火は起きません。光が集まる所は紙が焦げるので「焦点」と言います。しかし，地域や季節によっては本当に燃え出すこともあるので，バケツに水を用意しておきましょう。

● 焦点の部分が明るくなりすぎて目に違和感を感じたら，しばらく実験を休むように指示してください。5分ほどしても残像や違和感が残るようなら，用心のため養護教諭に連絡し，眼科で診てもらうようにしましょう。

ワークシート⑤　11月1日　天気　はれ　気温 20℃
光の性質　　　3年　1組　名前　福井 広和

めあて　虫めがねで光を集めよう

問い　虫めがねで光を集めると明るさや暖かさはどうなるだろう

予想
【明るさ】　　　　【暖かさ】
㋐ 明るくなる　　㋐ 暖かくなる
㋑ 明るくならない　㋑ 暖かくならない

理由

実験
1. 虫めがねで日光を集める
2. 虫めがねと紙のきょりを調節して日光が集まった所を小さくしたり大きくしたりする

結果

日光が集まった所	明るさ	紙の様子
大	まわりより明るい	変化なし
小	とても明るい	けむりが出た

わかったこと
虫めがねは光を集める力がとても強かった。

第三次 第2時 ワークシート⑥ 「色とあたたまり方」

目標 虫眼鏡でいろいろな色の紙をこがす活動を通して，黒が他の色にくらべて暖かくなることに気付かせる。

準備物
- □虫めがね □木片
- □色々な色の折り紙 □ストップウォッチ
- □水の入ったバケツ

授業の流れ

①光によるあたたまり易さが色に関係しているか予想を立てる。

②いろいろな折り紙を虫めがねでこがしてみる。

③ワークシートに色と光によるあたたまり易さの関係をまとめる。

指導のポイント

● 昔「高校大パニック」という映画があり，その中の「数学できんが，なんで悪いとや！」というセリフが流行したことがあります。難しい数学を何のために学ぶのか分からないという生徒の気持ちを表した秀逸なセリフだと思います。理科においても国際的な調査で日本の生徒の有用感が低いという結果が出ています。本時の色による温まり方の違いは日常の経験に結びつけやすく，夏は白っぽい服が冬は色の濃い服が良いという実用的な知識になります。ぜひ，そんな話もしてあげてください。

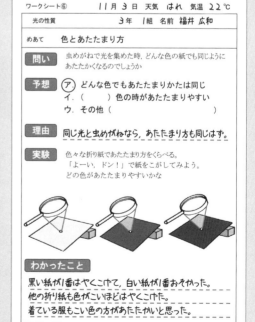

ワークシート⑥　11月3日　天気　はれ　気温 22℃
光の性質　　　3年　1組　名前　福井 広和

めあて　色とあたたまり方

問い　虫めがねで光を集めた時，どんな色の紙でも同じようにあたたかくなるのでしょうか

予想
㋐ どんな色でもあたたまりかたは同じ
㋑ （　　　）色の時があたたまりやすい
㋒ その他（　　　　　　　　　）

理由　同じ光と虫めがねなら，あたたまり方も同じはず。

実験　色々な折り紙であたたまり方をくらべる。
「よーい，ドン！」で紙をこがしてみよう。
どの色があたたまりやすいかな

わかったこと
黒い紙が1番はやくこげて，白い紙が1番おそかった。
他の折り紙も色がこいほどはやくこげた。
着ている服もこい色の方があたたかいと思った。

6 光の性質

ポイント解説

やってみよう「ソーラークッカー」

サンシェードでソーラークッカーを作り，太陽の向きや方向などを考えてソーラークッキングに挑戦してみましょう。

準備物
- □日よけ（サンシェード） □バケツ
- □ガムテープ □輪ゴム □金網
- □裏が黒いアルミホイル □耐熱ポリ袋

作り方

ソーラークッカーには様々なタイプがあります。意外性のある素材として，車のフロントガラスに当てる日よけ（サンシェード）を使ったソーラークッキング（太陽熱調理）に挑戦してみましょう。

まず，サンシェードをろうと状になるよう曲げて，ガムテープでとめます。それをバケツなどの台にはめ込み，固定します。バケツの中に砂や石を入れておくと風対策になります。次に，黒い容器（飯ごう，茶筒，空き缶など）に食材を入れます。裏が黒いアルミホイルに包んでもよいでしょう。さらに熱を逃がさないよう食品保存用耐熱ポリ袋に入れ，輪ゴムで閉じます。金網の上に耐熱袋入り容器を置き，太陽の方に向けて角度を調節します。教室のベランダなどに置いておくと，子どもたちは気になって休み時間ごとに様子を見に行きます。するとクッカーに当たっている光の角度がずれていることに気付き，太陽が動いていることを再確認できます。休み時間ごとに位置調節していると，やがて教室にも良い匂いが漂ってきます。天気が良ければ，焼き芋やゆで卵などが1，2時間でできあがります。

ESDの視点

世界的に見ると，ガスや電気を使って調理できる人口は約半数ほどで，多くの人々が焚き火で調理をしています。そのため，世界で消費されている木材の割合を見ると，半分近くが薪として燃やされていることが分かります。木を燃やしてはいけないと言っても，代替エネルギーを得ることのできない現地の人々は，今も薪不足で困っています。森林破壊は，先進国のための大規模な森林伐採によるものだけではないのです。

女性や子ども達の時間・労力・健康が，薪の調達や有害な煙のために奪われていることも深刻な問題です。ソーラークッカー（太陽熱調理器）を使えば，煮炊きに必要な薪不足だけではなく，そうした問題を解消することができます。また，飲み水に潜む病原菌のために，多くの子ども達が感染して死亡しています。ソーラークッカーで低温加熱消毒すれば，多くの命を救うこともできるのです。

引用：原体験教育研究会『科学実験・原体験データベース』（http://proto-ex.com/）

「光の性質」の授業には危険がいっぱい

「光の性質」の単元には，実験や観察において，いくつかの危険が含まれています。

①鏡で光を集める実験では，ふざけて友だちの顔に光を当てる児童がいることがあります。たまたま目に光が当たって「まぶしい！」という程度ならいいのですが，きちんと事後処理や指導をしないとケンカやいじめにつながる可能性もあるので要注意です。光を当てる場所と方向を決めておき，入り乱れて実験しないようにします。また，実験以外の時には鏡を地面に向けて不必要な反射をさせないように指導します。

②太陽の位置を確認するために直接太陽を見てしまう子がいます。太陽光のエネルギーはとても強いので，たとえ一瞬でも残像が残ったり目が見えにくくなったりすることがあります。目に違和感がある場合には養護教諭と相談し，眼科を受診するようにしてください。

③虫眼鏡で日光を集め，黒い紙を焦がす実験は楽しく，子どもたちもとても興味をもって取り組みます。ところがこれはとても危険な実験で下手をすると火遊びを誘発することになります。窓際においた老眼鏡や車のダッシュボードに置いた吸盤が太陽光を集めて発火する収斂火災の危険性について話をして，レンズの正しい使い方について指導するようにしてください。

完璧と言える対処法はありませんが，「正しい知識」を伝えること，指導者のもとで「活動欲求」をしっかりと満足させてあげることで事故を未然に防げると考えます。さらに，学級だより等で学習の趣旨や配慮事項等を保護者に伝えることも大切です。

ワークシート①	月　日　天気　　　気温　　　℃
光の性質	年　組　名前

めあて　鏡で日光をはねかえしてみよう

やくそく　光のまとあてをする時に、どんなことに気をつければよいか話し合おう

遊び方の工夫　光のまとあてがうまくできないときに、どんな工夫をしたのか、きろくしよう

こまったこと	かいけつした工夫

気がついたこと

ワークシート②	月　日　天気　　　気温　　　℃
光の性質	年　組　名前

めあて　鏡で光のリレーをしよう

問い　日光のよく当たる南向き校舎の玄関の中にあるまとを鏡を使って明るくするにはどうすればよいでしょう？

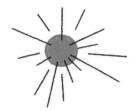

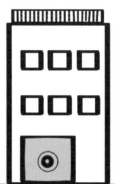

実験　くふうして日かげに光をとどけよう

気がついたこと

ワークシート③	月　日　天気　　　気温　　　℃

光の性質　　　年　組　名前

めあて　光の当たったところの暖かさ

問い　かがみではね返したところはあたたかくなるだろうか？

予想
ア．あたたかくなる
イ．あたたかくならない
ウ．その他（　　　　　　　　　　　）

理由

実験

1. 段ボールに温度計をさして まとを作る
2. 何もしない時の温度を計る
3. まとに鏡で光をあてて温度を 計る

結果

何もしない時の温度	光を当てた時の温度

わかったこと

ワークシート④	月　日　天気　　　気温　　　℃
光の性質	年　組　名前

めあて　光を重ねてみよう

問い　かがみではね返した光を重ねるとどうなるだろうか？

予想
ア．1枚の時よりもあたたかくなる
イ．1枚の時と同じ
ウ．その他（　　　　　　　　　　　　　　　）

理由

実験

1. 段ボールに温度計をさしたまとをセットする
2. 1枚のかがみの光を30秒間当てた時の温度を計る
3. 3枚のかがみで温度を計る

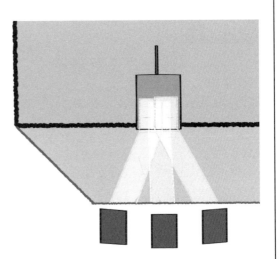

結果

1枚の時の温度	3枚重ねた時の温度

わかったこと

ワークシート⑤　　　　　月　　日　天気　　　　気温　　　℃

光の性質　　　　　　　年　　組　名前

めあて　虫めがねで光を集めよう

問い　虫めがねで光を集めると明るさや暖かさはどうなるだろう

予想
【明るさ】　　　　　　　【暖かさ】
ア．明るくなる　　　　　ア．暖かくなる
イ．明るくならない　　　イ．暖かくならない

理由

実験

1．虫めがねで日光を集める
2．虫めがねと紙のきょりを調節して日光が集まった所を小さくしたり大きくしたりする

結果

日光が集まった所	明るさ	紙の様子
大		
小		

わかったこと

ワークシート⑥	月　日　天気　　　気温　　　℃
光の性質	年　組　名前

めあて	色とあたたまり方

問い　虫めがねで光を集めた時，どんな色の紙でも同じようにあたたかくなるのでしょうか

予想
ア．どんな色でもあたたまりかたは同じ
イ．（　　　）色の時があたたまりやすい
ウ．その他（　　　　　　　　　　　）

理由

実験　色々な折り紙であたたまり方をくらべる。
「よーい，ドン！」で紙をこがしてみよう。
どの色があたたまりやすいかな

わかったこと

7 音の性質

3年生になり，そろそろ理科の学習の仕方にも慣れてきた頃でしょう。本単元は光の性質で行った問題解決のやり方を使って学習を進めていきます。音を出したときの震え方に着目して差異点や共通点をもとに「音の性質」を調べます。物から音が出たり伝わったりする時，物は震えています。また，音の大きさが変わると物の震え方も変わります。身近な「音」を題材として主体的に問題を追究したり，音の出る玩具を製作したりしながら，エネルギーとしての音の性質に気付かせたいですね。

育成する資質・能力

【知識及び技能】

①物から音が出たり伝わったりするとき，物は震えていること
②音の大きさが変わるとき物の震え方も変わること

を理解する。

【思考力，判断力，表現力等】

音の大きさを変えたときの物の震え方の違いを比較しながら調べる活動を通して，音の性質についての問題を見いだし，表現する。

【学びに向かう力，人間性等】

差異点や共通点から問題を見いだす力や主体的に問題解決しようとする態度を養う。

単元の構成   ※丸付数字はワークシートの番号

第一次 音が出る時	第三次 音を伝える
第1時 音が出る物を思い出す…①	第1時 音はどんな時に伝わるか…⑤
第2時 音が出る物を観察する…②	第2時 50m糸電話に挑戦…⑥
第二次 音の大きさを変えると	第四次 音でふるえるおもちゃを作ろう
第1時 音のふるえを目で見る…③	
第2時 音の大きさとふるえの関係…④	

解説とワークシートの解答

第一次 第1時 ワークシート① 「音が出る物を思い出す」

目標 これまでの経験から音の出る物とその様子について思い出し，何を調べていきたいのか，学習への見通しをもたせる。

準備物 □たいこやラッパなどの楽器

授業の流れ

①どのような物から音がでるのか，また，音が出る時の様子について話し合う。

↓

②ワークシートに思い出したことを絵や文字でまとめる。

↓

③何を調べていきたいのか学習課題を設定する。

指導のポイント

●本時は児童を学びの土俵の上にのせるため日常生活での経験を話し合うことで，音の性質に意識を向けさせ，これから始まる学習への期待と見通しをもたせる時間です。
●経験の想起場面では楽器だけでなく自然音や生き物の鳴き声などに気付くことのできた児童を褒めてあげましょう。
●幼児期の環境や性別等によって原体験には個人差があります。レディネスの違いを補完するために，できれば様々な楽器を用意しておき，経験の少ない子どもには自由に触らせる時間を設定しましょう。

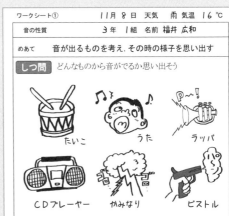

第一次 第2時 ワークシート② 「音が出る物を観察する」

目標 糸電話と輪ゴムギターを作って遊び，それぞれの音が出ている時の様子を観察する。

準備物 □紙コップ □糸 □セロハンテープ □箱 □輪ゴム □キリ

授業の流れ

①ワークシートの説明を読んで糸電話と輪ゴムギターを作る。

↓

②完成した玩具で自由に遊び，使い方に慣れる。

↓

③音が出ている時と出ていない時をくらべ何が違うのか観察して確かめる。

指導のポイント

●キリなどの危険物は教師の目の届く場所に作業スペースを設け，そこで作業させます。
●糸電話の糸をピンと張ったまま話をしたり聴いたりするのが難しい児童がいます。一度に2つの動作をするのが難しいようでしたら糸がたるまないように手を添えてあげてください。
●本時の目標は音が出ている物の振動に気付かせることです。遊びに夢中になっている子どもには「指に何か感じる？」などの声かけをして意識化するようにしてください。

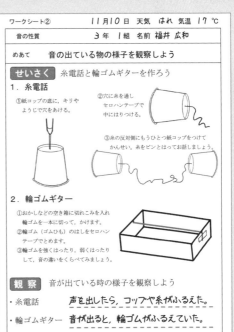

7 音の性質

解説とワークシートの解答

第二次 第1時 ワークシート③「音のふるえを目で見る」

目標 音の出ている物はふるえているのか工夫して調べる。

準備物
- □ たいこなどの楽器
- □ 発泡スチロール球
- □ 透明食品容器
- □ スピーカーが上向きのキーボードやCDデッキ

授業の流れ
① 音が出ている物はふるえているのか調べることを確認する。
↓
② 音のでている時といない時の違いをいろいろな方法で調べる。
↓
③ 調べた結果をワークシートの表にまとめる。

指導のポイント
- 問題解決の方法は一つだけではありません。何かを調べる時に、様々な方法を考えて試してみる習慣は大人になるととても役に立つことだと思います。
- もし可能であれば、ワークシートで紹介した「ふるえ検知器」を作成して児童に見せてください。スピーカーの上にのせると、音楽に合わせて発泡スチロール球が踊り出します。音を消すと発泡スチロール球も動かなくなります。児童の自由研究としても楽しいです。

ワークシート③ 11月13日 天気 はれ 気温 18℃
音の性質　3年 1組 名前 福井 広和

めあて 音のふるえを目で見よう

問い 音が出ている物はふるえているだろうか

調べ方 ふるえているかどうか、手でさわったり、目で見たり物をあてたりして調べよう

【ふるえ検知器】
ふるえを調べる道具として、発泡スチロール球を透明なプラスチックの容器にいれたものを作ることもできます。発泡スチロール球は手芸店で手に入れることができます。発泡スチロール球は静電気でくっつきやすいので、容器にハァ～っと息をふきこむとくっつかなくなります。ふるえ検知器をキーボードなどスピーカーが上についているものにのせると、発泡スチロール球が音に合わせて動きます。

結果

調べた物	音が出ている時	音が出ていない時
たいこ	○	×
トライアングル	○	×
のど	○	×
スピーカー	○	×

※ ふるえている…○、ふるえていない…×

第二次 第2時 ワークシート④「音の大きさとふるえの関係」

目標 小さな音が出ている時と大きな音の時をくらべ、音の大きさとふるえの大きさの関係を調べる。

準備物
- □ 輪ゴムギター

授業の流れ
① ゴムを小さくはじいても大きな音を出すことができるか自分の予想を立てる。
↓
② グループで協力していろいろな方法で確かめる。
↓
③ 結果をワークシートに記入する。

指導のポイント
- ここでは振幅と音の大きさの関係を調べさせます。1次では物に触った感じ方をもとに震えの大きさと音の大きさの関係を体感しましたが、本時はゴムをはじいた振幅で震えの大きさを比較します。感覚による実験から、客観性・再現性のある科学実験へとステップアップしていきます。
- 子ども達は小さな振幅で大きな音を出せないものかと挑戦しますが、小さなエネルギーで大きな音は出せません。大人にとっては当たり前のことかも知れませんが、納得がいくまで試行させることで将来の技術者・研究者の資質が育っていきます。

ワークシート④ 11月15日 天気 はれ 気温 16℃
音の性質　3年 1組 名前 福井 広和

めあて 音の大きさとふるえの関係を調べよう

問い 小さなふるえで大きな音がでるだろうか

予想（○をつけよう）
ア. 小さなふるえでも大きな音がでる
(イ). 小さなふるえでは大きな音はでない

実験 輪ゴムギターをはじいて小さな音の時と大きな音の時の輪ゴムのふるえの大きさをくらべる

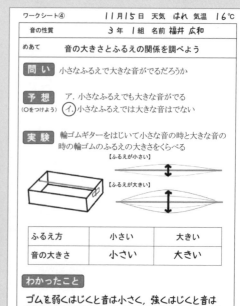

【ふるえが小さい】
【ふるえが大きい】

ふるえ方	小さい	大きい
音の大きさ	小さい	大きい

わかったこと
ゴムを弱くはじくと音は小さく、強くはじくと音は大きくなった。

解説とワークシートの解答

第三次 第1時 ワークシート⑤「音はどんな時に伝わるか」

目標 糸電話を使って音が伝わる時と伝わらない時のちがいを調べ，音を伝えるには，ふるえを伝えなければいけないことに気付かせる。

準備物 □糸電話

授業の流れ
1. 糸電話で声がうまく伝わらない時のことを思い出す。
2. 糸電話の声がどんな時に伝わらないのかを調べワークシートに記録する。
3. 音を上手に伝えるにはどうすればよいのかコツをまとめる。

指導のポイント
- 糸電話で遊ぶと上手く話ができる児童とできない児童とがいます。グループで話し合いながら原因をさぐり，問題を解決する経験を通して，生活をより良くする「PDCAサイクル」の力が身についていけるようお互いに協力して活動できるようにしてください。教え合い，助け合い，励まし合える仲間づくりは理科の時間にだって可能です。
- 何か上手くいかない時，それは物事の本質や新しい考え方に気付くチャンスです。少し頑張れば届く位の課題が大切で，ヴィゴツキーはこれを「発達の最近接領域」といいました。

第三次 第2時 ワークシート⑥「50m糸電話に挑戦」

目標 糸電話で遠くまで声を届けるにはどうすればよいか話し合い，工夫して50m糸電話を作る。

準備物 □紙コップ □水糸

授業の流れ
1. 遠くまで音を伝える方法について話し合う。
2. グループで協力して50m糸電話を作る。
3. ワークシートに音とふるえの関係についてまとめる。

指導のポイント
- 前時に学習した音のエネルギーを減らさない方法を応用して作戦をたてて挑戦させます。
- 糸は引っかかると危ないのでホームセンターに売っている蛍光色の水糸がカラフルで強くて良いです。廊下や体育館で活動すると風の影響が少なくて距離を伸ばしやすいです。

7 音の性質

ポイント解説

 音でふるえるおもちゃを作ろう

単元のまとめとして音でふるえる玩具を作ります。インターネットなどでは「ダンシングスネーク」という名前で紹介されています。筒を使って紙コップの中に声を出し，紙コップ全体を振動させます。紙コップの底にとぐろを巻くヘビに似せた渦巻き状のモールをのせると，ヘビがクルクルと回りだし

音の高さにあわせていろんな速さでダンスします。工作ではカッターナイフを使います。教師の目の届く場所に「危険物コーナー」を設け，そこで作業させるとよいでしょう。

準備物
☑ チェックボックス
☐ 紙コップ　☐ コピー用紙　☐ モール（10cm くらい）　☐ カッターナイフ

作り方

①紙コップの側面にカッターナイフで切れ込みを入れる

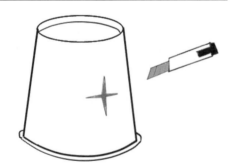

②コピー用紙をまるめて筒を作り，切れ込みに押し込む。

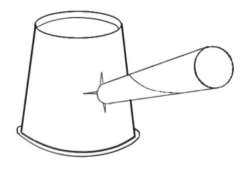

③モールを渦巻きのようにまるめ，ヘビがとぐろを巻くようにする。

④モールのへびをのせ，机の上で筒から大声をだして踊らせよう。

バルーン電話であそぼう

　ペンシルバルーンを使い風船電話を作ってみましょう。普通の糸電話は，糸がたるむと音の振動が伝わらず話をすることができませんが，ペンシルバルーンはそれ自体がピンと張っているので。曲げてもきちんと音が伝わります。また，大きな声をだすと，風船がビリビリと振動するのが分かります。

1．紙コップに十字の切れこみを入れる。
2．ペンシルバルーンをふくらませる。
3．切り込みを広げてペンシルバルーンを入れる。
4．反対側にも同じように紙コップをつける。

　自分のバルーン電話を耳と口にあて，友達の風船と交差させると同時に話したり聞いたりできます。

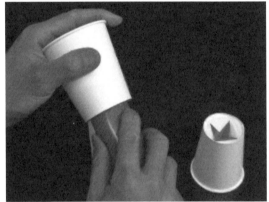

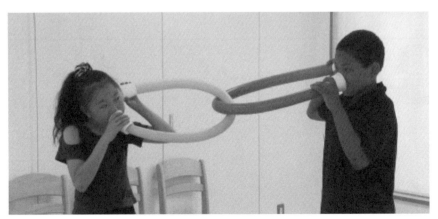

ワークシート①	月　　日　天気　　　気温　　　℃
音の性質	年　　組　名前
めあて	音が出るものを考え，その時の様子を思い出す

しつ問 どんなものから音がでるか思い出そう

- -
- -
- -

学習課題

ワークシート②　　　　　　　月　　日　天気　　　　気温　　　℃

音の性質　　　　　　　　　年　　組　名前

めあて　音の出ている物の様子を観察しよう

せいさく　糸電話と輪ゴムギターを作ろう

1. 糸電話

①紙コップの底に，キリやようじで穴をあける。

②穴に糸を通しセロハンテープで中にはりつける。

③糸の反対側にもうひとつ紙コップをつけてかんせい。糸をピンとはってお話しましょう。

2. 輪ゴムギター

①おかしなどの空き箱に切れこみを入れ輪ゴムを一本に切って，かけます。
②輪ゴム（ゴムひも）のはしをセロハンテープでとめます。
③輪ゴムを強くはったり，弱くはったりして，音の違いをくらべてみましょう。

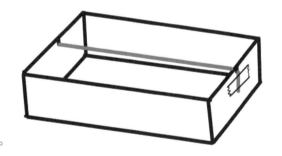

観察　音が出ている時の様子を観察しよう

・糸電話　　　　―――――――――――――――――

・輪ゴムギター　―――――――――――――――――

ワークシート③	月 日 天気 気温 ℃
音の性質	年 組 名前

めあて	音のふるえを目で見よう

問 い 音が出ている物はふるえているだろうか

調べ方 ふるえているかどうか，手でさわったり，目で見たり物をあてたりして調べよう

【ふるえ検知器】
ふるえを調べる道具として，発泡スチロール球を透明なプラスチックの容器にいれたものを作ることもできます。発泡スチロール球は手芸店で手に入れることができます。発泡スチロール球は静電気でくっつきやすいので，容器にハァ〜っと息をふきこむとくっつかなくなります。
ふるえ検知器をキーボードなどスピーカーが上についているものにのせると，発泡スチロール球が音に合わせて動きます。

結 果

調べた物	音が出ている時	音が出ていない時

※ ふるえている…○，ふるえていない…×

ワークシート④	月　日　天気　　　気温　　℃
音の性質	年　組　名前

めあて	音の大きさとふるえの関係を調べよう

問 い　小さなふるえで大きな音がでるだろうか

予 想　ア．小さなふるえでも大きな音がでる
（〇をつけよう）　イ．小さなふるえでは大きな音はでない

実 験　輪ゴムギターをはじいて小さな音の時と大きな音の時の輪ゴムのふるえの大きさをくらべる

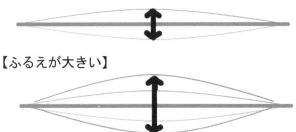

ふるえ方	小さい	大きい
音の大きさ		

わかったこと

ワークシート⑤	月　　日　天気　　　気温　　　℃

音の性質	年　　組　名前

めあて	音が伝わる時と伝わらない時をくらべよう

観察　糸電話で声が伝わらないのはどんな時か調べよう

1.

2.

3.

わかったこと

ワークシート⑥	月　　日　天気　　　気温　　　℃
音の性質	年　　組　名前

めあて	50m糸電話に挑戦しよう

【50m糸電話のやり方】

①紙コップに糸を通して結び目をつくり，残りの糸はまいておく。

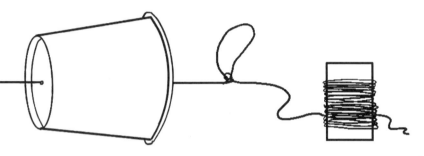

②うまく声が伝わったら，結び目をほどいて糸をのばしていく。

作　戦　どうすれば遠くまで声を伝えることができるだろうか？

挑戦してわかったこと

----

8 電気の通り道

現代文明は電気なしには成り立ちません。朝起きてから夜寝るまで，様々な電気器具を利用して私たちは暮らしています。それらの多くは複雑で高度な仕組みで作られていますが，基本的な原理は乾電池でつける豆電球と大差ありません。本単元では，いろいろな実験を通して「回路」という電気の通り道の考え方を学習します。また，テスターを作って電気を通すものと通さないものを調べたり，発展学習として電気を使ったおもちゃを作ったりします。たくさんの活動の中から電気についての基本的な見方や考え方がもてるようにしてあげたいですね。

育成する資質・能力

【知識及び技能】
①電気を通すつなぎ方と通さないつなぎ方があること
②電気を通す物と通さない物があることを理解する。

【思考力，判断力，表現力等】
電気を通すときと通さないときのつなぎ方を比較しながら調べる活動を通して，電気の回路についての問題を見いだし，表現する。

【学びに向かう力，人間性等】
差異点や共通点から問題を見いだす力や主体的に問題解決しようとする態度を養う。

単元の構成
※丸付数字はワークシートの番号

第一次 明かりがつくつなぎ方
- 第1時 明かりがつくとき・つかないとき…①
- 第2時 ＋(プラス)極と−(マイナス)極…②
- 第3時 導線を長くしてみよう…③
- 第4時 ソケットなしで明かりをつける…④

第二次 電気を通すもの・通さないもの
- 第1時 テスターを作る…⑤
- 第2時 テスターで調べる…⑥

第三次 電気を利用したおもちゃ作り
- 第1時 おもちゃ作りの計画…⑦
- 第2時 おもちゃ作りと発表会…⑧

解説とワークシートの解答

第一次 第1時 ワークシート① 「明かりがつくとき・つかないとき」

目標 乾電池をいろいろな方法でつないだ時に豆電球がつくかどうか予想をたて，実験で確かめる。

準備物
- □豆電球
- □乾電池
- □ソケット

授業の流れ
1. 問題を知り，自分の予想を立てる。
2. 豆電球がつくかどうか，実験で確かめる。
3. どのようなつなぎ方をすれば豆電球がつくかワークシートにまとめる。

指導のポイント
- 教材セットを用いる場合には，まずはじめに中の部品が全部あるかチェックして，すべての部品に名前か目印（自分で分かれば☆とか◎とかでよい）を書かせておきましょう。
- はじめに先生が明かりをつけてみせます。次に，電池と豆電球，ソケットを渡して各自に挑戦させましょう。うまくつかない時は個別に教えてあげます。
- 問題ごとに豆電球を回収するのは大変なので，討論後の実験は先生が代表してやり，問題が3つとも終わった時点でたっぷり時間をあげて各自に実験をさせるといいです。

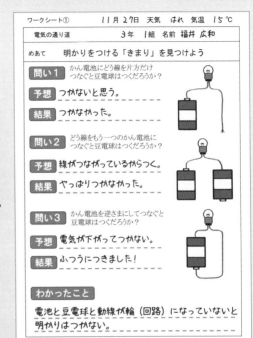

ワークシート①　11月27日　天気　はれ　気温　15℃
電気の通り道　　3年　1組　名前　福井　広和
めあて　明かりをつける「きまり」を見つけよう

問い1 かん電池にどう線を片方だけつなぐと豆電球はつくだろうか？
予想 つかないと思う。
結果 つかなかった。

問い2 どう線をもう一つのかん電池につなぐと豆電球はつくだろうか？
予想 線がつながっているからつく。
結果 やっぱりつかなかった。

問い3 かん電池を逆さまにしてつなぐと豆電球はつくだろうか？
予想 電気が下がってつかない。
結果 ふつうにつきました！

わかったこと
電池と豆電球と動線が輪（回路）になっていないと明かりはつかない。

第一次 第2時 ワークシート② 「＋（プラス）極と－（マイナス）極」

目標 乾電池と豆電球を導線で輪になるようにつなぐ活動を通して，＋極と－極につながなければ明かりはつかないことに気付くことができるようにする。

準備物
- □乾電池
- □豆電球
- □ソケット

授業の流れ
1. 輪になるつなぎかたを考え，明かりがつくかどうか実験する。
2. 明かりがつくつなぎ方とつかないつなぎ方を比べてワークシートにまとめる。
3. 乾電池には＋（プラス）極と－（マイナス）極があることを知る。

指導のポイント
- 教材セットを用いる場合も中身を全部取り出すのではなく，必要な物だけを出すようにし，教材の入っている箱は名前を書いてロッカーなどにしまっておくと学習に集中することができます。
- まず前時を振り返り電池と導線と豆電球とが輪になっていないと明かりがつかないことを押さえておきます。予想をたてる前に実際の電池やソケットで問題を説明します。その時には豆電球をゆめるめとスイッチがわりになります。
- 問題6は2人組になって協力して実験するようにします。

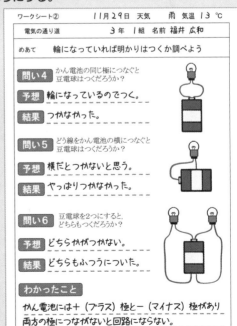

ワークシート②　11月29日　天気　雨　気温　13℃
電気の通り道　　3年　1組　名前　福井　広和
めあて　輪になっていれば明かりはつくか調べよう

問い4 かん電池の同じ極につなぐと豆電球はつくだろうか？
予想 輪になっているのでつく。
結果 つかなかった。

問い5 どう線をかん電池の横につなぐと豆電球はつくだろうか？
予想 横だとつかないと思う。
結果 やっぱりつかなかった。

問い6 豆電球を2つにすると，どちらもつくだろうか？
予想 どちらかがつかない。
結果 どちらもふつうについた。

わかったこと
かん電池には＋（プラス）極と－（マイナス）極があり両方の極につながないと回路にならない。

8 電気の通り道

解説とワークシートの解答

第一次 第3時 ワークシート③ 「導線を長くしてみよう」

目標 導線の長さが長くても、被覆のある導線が接触していても、明かりがつくことを予想を立てて実験することで確かめることができる。

準備物
- □ 乾電池
- □ 豆電球
- □ ソケット
- □ 10m導線

授業の流れ
① 10m導線の回路で明かりがつくか予想を立てて実験する。
↓
② こんがらがった回路でも明かりがつくか予想を立てて実験する。
↓
③ ワークシートに実験結果を整理する。

指導のポイント
- 前時までの振り返りとして、①明かりをつけるには電池・豆電球・導線が輪になってつながっていること、②導線の端が電池の両極につながっていることが大切だということを確認します。
- 問題7ではソケットに5mずつ導線を結び大きな輪ができるようにします。子ども達の中には「導線が長いと電気が伝わるのに時間がかかる」という誤概念をもつ児童がいます。教室の後の子に豆電球をもたせ、クラス全員で回路を手にのせ、3, 2, 1, のかけ声で電気を流します。少し暗くなりますが、タイムラグなく光ります。

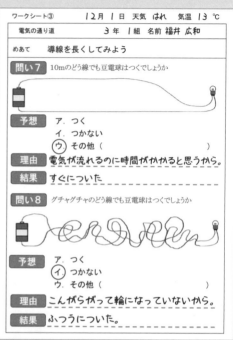

ワークシート③　12月1日　天気 はれ　気温 13℃
電気の通り道　3年 1組 名前 福井 広和
めあて　導線を長くしてみよう
問い7　10mのどう線でも豆電球はつくでしょうか
予想　ア．つく　イ．つかない　ウ．その他（　　）（ウに○）
理由　電気が流れるのに時間がかかると思うから。
結果　すぐについた
問い8　グチャグチャのどう線でも豆電球はつくでしょうか
予想　ア．つく　イ．つかない　ウ．その他（　　）（イに○）
理由　こんがらがって輪になっていないから。
結果　ふつうについた。

第一次 第4時 ワークシート④ 「ソケットなしで明かりをつける」

目標 ソケットを使わずに工夫して豆電球をつける活動を通して、最も基本的な「回路」の姿に気付くことが出来るようにする。

準備物
- □ 乾電池
- □ 豆電球
- □ 導線2本

授業の流れ
① めあてを確認するとともに、ショート回路の危険性について知る。
↓
② ソケットを使わずに導線2本だけで工夫して豆電球をつける。
↓
③ 導線1本で豆電球をつけ、ワークシートに究極の回路についてまとめる。

指導のポイント
- 一人で探求する時には、セロハンテープで導線を電池の両端につけさせると作業が楽になります。この時2本の導線をふれあわせてショートさせる子どもがいるので気をつけてください。
- 豆電球とソケットの内部がどうなっているか教えると回路の意味を定着させるのに有効です。ダイワという教材メーカーに指導用豆電球というものがあります。これは豆電球の金属の部分を取り外したもので、豆電球やソケットの見えていない部分もひとつにつながっていて、輪（回路）になっていることがよく分かります。

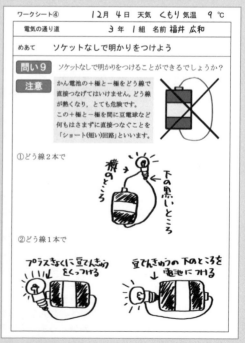

ワークシート④　12月4日　天気 くもり　気温 9℃
電気の通り道　3年 1組 名前 福井 広和
めあて　ソケットなしで明かりをつけよう
問い9　ソケットなしで明かりをつけることができるでしょうか？
注意　かん電池の＋極と－極をどう線で直接つなげてはいけません。どう線が熱くなり、とても危険です。この＋極と－極を間に豆電球など何もはさまずに直接つなぐことを「ショート（短い）回路」といいます。
① どう線2本で
② どう線1本で

解説とワークシートの解答

第二次 第1時 ワークシート⑤ 「テスターを作る」

目標 回路の一部を切断してテスターを作り、どんな物が電気を通すのか調べることができるようにする。

準備物
- □ 乾電池
- □ 豆電球
- □ ソケット
- □ 調べたい物

授業の流れ

① 回路の一部を切断してテスターをつくる。

② テスターを使って電気を通す物と通さない物を調べる。

③ 調べた結果をワークシートにまとめる。

指導のポイント
- ここでは前時までに学習した回路を応用し、その一部を遮断することでテスターを作ります。回路をわざと不完全にすることで便利な道具ができるという面白さを味わわせてください。
- 乾電池とソケットで豆電球が光りますが、この回路の一部を遮断するとテスターができます。児童用には電池ボックスやソケットを段ボールや板に貼り付けて、ひもを通して首からぶら下げるようにすると便利です。
- 実験する時には必ず切れた導線を接触させ豆電球が点灯することを確認するようにしてください。

ワークシート⑤　12月 6日　天気 はれ　気温 10 ℃
電気の通り道　　3 年 1 組 名前 福井 広和
めあて　テスターを作ろう

作業 回路の一部を切って「テスター」を作ろう
① かん電池と豆電球をつなぎ明かりがつくことを確認する。
② かん電池をはずして、導線の一部を切る。
③ 再び乾電池をつけて、切った導線をふれさせ、明かりがつくことを確認する。

実験 「テスター」を使って、どんな物が電気を通し、どんな物が通さないのか調べよう

結果

電気を通した物	電気を通さなかった物
はさみ（切るところ）	はさみ（持つところ）
机のあし	机の板
水道のじゃロ	けしゴム
くぎ	黒板
がびょう	ノート

第二次 第2時 ワークシート⑥ 「テスターで調べる」

目標 テスターを使ってお金が電気を通すか調べ、金属は電気を通すことに気付くことができるようにする。

準備物
- □ 1円玉
- □ 5円玉
- □ 10円玉
- □ 100円玉
- □ 千円札
- □ アラザン

授業の流れ

① お金が電気をとおすかどうかテスターを使って調べる。

② アラザンが電気をとおすかどうかテスターを使って調べる。

③ ワークシートに電気を通す物についてまとめる。

指導のポイント
- 前時はテスターを作り、電気を通す物・通さない物を自由に調べる活動をしました。本時は学級全体で話し合いながら教師実験で深めていきます。
- 教師用テスターは前時に児童が作ったものと基本的には同じ物で、板の裏に磁石をつけ黒板にはって実験します。工作が得意な人は豆電球のほかに電子ブザーも直列につなぐと光と音で結果が分かり盛り上がります。
- キンキレイというアラザンは金でできています。もし手にいれることができたら、実験に加えてください。

ワークシート⑥　12月 8日　天気 くもり　気温 9 ℃
電気の通り道　　3 年 1 組 名前 福井 広和
めあて　テスターで調べる

問い10 1円玉(アルミニウム), 5円玉(真ちゅう), 10 円玉(銅), 100円玉(白銅), 千円札(紙)は電気を通すでしょうか。

予想 1円玉, 100円玉は電気を通す。
5円玉, 10円玉, 千円札は通さない。

理由 1円玉と100円玉はぴかぴか光っているけど
5円玉, 10円玉, 千円札は光っていないから。

結果

電気を通した物…○、通さなかった物…×

1円玉	5円玉	10円玉	100円玉	千円札
○	○	○	○	×

問い11 アラザン(銀)は電気を通すでしょうか

予想 電気を通さない。

理由 アラザンは食べ物だから。

結果 電気を通した。

わかったこと
金属（鉄・アルミニウム, 真ちゅう, 銅ね白銅, 銀）はどれも電気を通す。

8 電気の通り道

解説とワークシートの解答

第三次 第1時 ワークシート⑦「おもちゃ作りの計画」

目標 回路の仕組みや電気を通す物・通さない物の性質を利用して，おもちゃや使える物作りの計画をたてることができるようにする。

準備物 □自分で考えた工作に必要な材料や道具

授業の流れ
①本やパソコンなどで調べて，どんな工作にするか考える。
②ワークシートに準備物や設計図を書く。
③材料を集め，明かりのつくおもちゃや道具を作る。

指導のポイント
- 本時は，これまでの学習の応用として「おもちゃ作り」をします。ここでのポイントは明かりをつけたり消したりするいくつかの方法を示して，「わぁやりたい！」とか「こんなのできないかな…」という気持ちを持たせることです。そのためには先生が事前にいくつか作品例を作っておくとよいでしょう。
- 100円ショップのアルミテープは導線の代わりに貼って回路にすることができて便利です。金属の物を載せると明かりがつく仕組みは，6年生で行うプログラム学習の基礎的な考え方を育成するのに役立ちます。

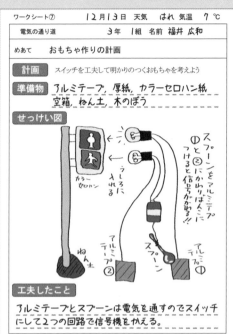

第三次 第2時 ワークシート⑧「おもちゃ作りと発表会」

目標 電気の性質を利用したおもちゃや道具の仕組みについて発表し，互いの作品の良さに気付くことができるようにする。

準備物 □電気の仕組みを使った玩具や道具

授業の流れ
①自分の作った作品の特徴や仕組みについて発表する。
②友達の発表を聴き，分からない仕組みについて質問する。
③友達の作品の良い所をワークシートに記録する。

指導のポイント
- 前時に作った玩具の発表会です。単に工作をして終わりにするのではなく，自分の作品の特徴や仕組みについて分かりやすく表現する力を育てます。単元で学んだ電気の通り道が輪（回路）になると明かりがつくということや，金属は電気を通すということを利用した作品ができていれば本単元における知識及び技能は十分に育っていると言えます。さらにそれらの性質を応用した作品ができていれば『花マル』です。
- 作品や発表の様子はカメラやビデオに撮り，資料として残しておくと次年度からとても役立ちます。

ポイント解説

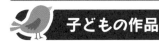
子どもの作品

1. かげ絵テレビ

遊び方

豆電球に繋げたスイッチを押すと点灯し，テレビ画面の絵柄が浮き出る。

おもちゃの構造

四角い空箱にカッターで窓を切り取る。フタの裏側にトレーシングペーパーを貼り付け，好きな柄に切った折り紙を貼っておくことで，豆電球をつけた時，その折り紙の絵柄が浮き出てくる。

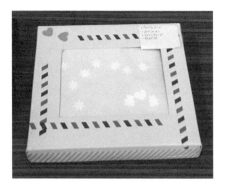

2. カラフル灯台

遊び方

スイッチを押すと明かりがつき，辺りを照らす。

おもちゃの構造

半分に切ったティッシュ箱を縦長に使い，その上にゼリーカップをつける。カップの中にはカラフルなストローを小さく切って入れておき，豆電球の明かりがつくと様々な色を楽しめるようにする。

3. 信号機

遊び方

赤・青・黄の3つの豆電球をそれぞれ乾電池につないで明かりをつける。

おもちゃの構造

3つの豆電球それぞれに赤・青・黄のカラーセロハンをつけることで，豆電球の明かりがついた時にそれぞれの色に光る。豆電球の導線は片方を乾電池につなげておき，光らせたい色の導線を乾電池の反対の極につなげることで明かりをつけるようにする。

ワークシート①	月　日　天気　　　気温　　　℃
電気の通り道	年　　組　　名前

めあて　明かりをつける「きまり」を見つけよう

問い1　かん電池にどう線を片方だけつなぐと豆電球はつくだろうか？

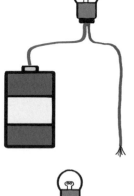

予想　----------------

結果　----------------

問い2　どう線をもう一つのかん電池につなぐと豆電球はつくだろうか？

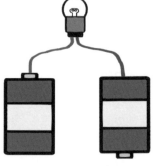

予想　----------------

結果　----------------

問い3　かん電池を逆さまにしてつなぐと豆電球はつくだろうか？

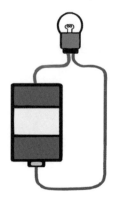

予想　----------------

結果　----------------

わかったこと

ワークシート②	月　日　天気　　　　気温　　　℃
電気の通り道	年　組　名前

めあて	輪になっていれば明かりはつくか調べよう

問い4 かん電池の同じ極につなぐと豆電球はつくだろうか？

予想 _____

結果 _____

問い5 どう線をかん電池の横につなぐと豆電球はつくだろうか？

予想 _____

結果 _____

問い6 豆電球を2つにすると，どちらもつくだろうか？

予想 _____

結果 _____

わかったこと

_____

_____

ワークシート③	月　　日　天気　　　気温　　　℃

| 電気の通り道 | 年　　組　名前 |

めあて　導線を長くしてみよう

問い7　10mのどう線でも豆電球はつくでしょうか

予想
　ア．つく
　イ．つかない
　ウ．その他（　　　　　　　　　　　）

理由

結果

問い8　グチャグチャのどう線でも豆電球はつくでしょうか

予想
　ア．つく
　イ．つかない
　ウ．その他（　　　　　　　　　　　）

理由

結果

ワークシート④	月　日　天気　　　気温　　　℃

電気の通り道　　　　年　　組　名前

めあて　　ソケットなしで明かりをつけよう

問い9　ソケットなしで明かりをつけることができるでしょうか？

注意　かん電池の＋極と－極をどう線で直接つなげてはいけません。どう線が熱くなり，とても危険です。
この＋極と－極を間に豆電球など何もはさまずに直接つなぐことを「ショート(短い)回路」といいます。

①どう線2本で

②どう線1本で

ワークシート⑤	月　　日　天気　　　　気温　　　℃
電気の通り道	年　　組　名前

めあて　テスターを作ろう

作業　回路の一部を切って「テスター」を作ろう

①かん電池と豆電球をつなげ明かりがつくことを確認する。

②かん電池をはずして，導線の一部を切る。

③再び乾電池をつけて，切った導線をふれさせ，明かりがつくことを確認する。

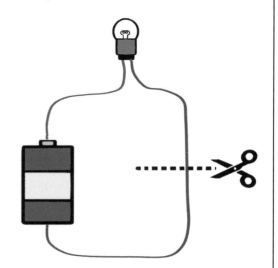

実験　「テスター」を使って，どんな物が電気を通し，どんな物が通さないのか調べよう

結果

電気を通した物	電気を通さなかった物

ワークシート⑥	月　日　天気　　　気温　　℃
電気の通り道	年　　組　名前

めあて	テスターで調べる

問い10　1円玉(アルミニウム), 5円玉(真ちゅう), 10円玉(銅), 100円玉(白銅), 千円札(紙)は電気を通すでしょうか。

予想

理由

結果

電気を通した物…○, 通さなかった物…×

1円玉	5円玉	10円玉	100円玉	千円札

問い11　アラザン(銀)は電気を通すでしょうか

予想

理由

結果

わかったこと

ワークシート⑦	月　　日　天気　　　気温　　　℃
電気の通り道	年　　組　名前

めあて	おもちゃ作りの計画

計画　スイッチを工夫して明かりのつくおもちゃを考えよう

準備物

せっけい図

工夫したこと

ワークシート⑧	月　　日　天気　　　　気温　　　℃
電気の通り道	年　　組　名前

めあて	おもちゃ作りと発表会

発表会　友達の作品をみて「すごい」と思ったことを書こう

作品1

- -

作品2

- -

9 磁石の性質

磁石はとても不思議な石です。電池も入っていないのに少し離れた所にある鉄を引きつける力をもち，いつまでもくっつけています。私の友人は小学生の時に「永久磁石は本当に永久なのか？」と疑問に思い，実家の玄関ドアの上にくっつけたそうです。大学で上京し，社会人になり，正月に実家に戻るたびに鴨居にその時の磁石がくっついたままなのを確認するそうです。果たして彼の研究はいつまで続くのでしょうかね。さて，この磁石の単元は前の「電気の通り道」の単元で学んだことと比較しながら進めていくと子ども達に分かりやすくなります。

育成する資質・能力

【知識及び技能】
①磁石に引き付けられる物と引き付けられない物があること
②磁石に近付けると磁石になる物があること
③磁石の異極は引き合い，同極は退け合うことを理解する。

【思考力，判断力，表現力等】
磁石を身の回りの物に近付けたときの様子を比較しながら調べる活動を通して，磁石の性質についての問題を見いだし，表現する。

【学びに向かう力，人間性等】
差異点や共通点から問題を見いだす力や主体的に問題解決しようとする態度を養う。

単元の構成
※丸付数字はワークシートの番号

第一次 じしゃくにつく物
　第1時　じしゃくにつく物／つかない物…①
　第2時　じしゃくの引きつける力…②

第二次 極のせいしつ
　第1時　じしゃくのよく引きつけるところ…③
　第2時　2つのじしゃくを近づけると…④

第三次 じしゃくと方位・じしゃくになるもの
　第1時　じしゃくがとまる極の向き…⑤
　第2時　じしゃくにつけた鉄…⑥

第四次 じしゃくを利用したおもちゃ作り
　第1時　おもちゃ作りの計画…⑦
　第2時　おもちゃ作りと発表会…⑧

解説とワークシートの解答

第一次 第1時 ワークシート① 「じしゃくにつく物／つかない物」

目標 磁石をいろいろな物に近付けて，磁石につく物・つかない物について調べることができる。

準備物
- □磁石 □紙 □木 □プラスチック
- □ガラス □くぎ
- □お金 □アラザン

授業の流れ

①いろいろな物が磁石につくかどうか予想を立ててから調べる。

↓

②お金やアラザンが磁石につくかどうか調べる。

↓

③磁石につく物について電気の学習と比べながらワークシートにまとめる。

指導のポイント

- 自由に探求させれば子供達は楽しいのかと言うとそうとばかりは言えません。目的意識のない自由試行は体を動かしてしばらくは面白いですが，達成感が少ないために，やがて飽きてケンカや事故が起こります。単元の最初はまず学級みんなでこれから何を学んでいくのかの方向性を確認することが大切です。
- 電気の学習で得た科学的方法を活かして磁石について調べます。電気はすべての金属で通るが，磁石は鉄とニッケル以外にはくっつかないので混同しないように整理してあげたいものです。

ワークシート①

1月10日 天気 はれ 気温 8℃
磁石の性質　3年 1組 名前 福井 広和

めあて じしゃくにつく物／つかない物をしらべよう

問い1 紙・プラスチック・ガラス・木・くぎはじしゃくにつくでしょうか？
予想 くぎは鉄なのでじしゃくにつくと思う。
結果 やっぱり，くぎだけっついた。

問い2 1円玉（アルミニウム），5円玉（真ちゅう），10円玉（銅），100円玉（白銅），千円札，はじしゃくにつくでしょうか？
予想 千円札以外はじしゃくにつくと思う。
理由 電気の勉強の時に金ぞくは電気をとおした。
結果 じしゃくについた物…〇，つかなかった物…×

1円玉	5円玉	10円玉	100円玉	千円札
×	×	×	×	×

問い3 アラザン（銀）はじしゃくにつくでしょうか？
予想 金ぞくでもつかないから銀もつかない。
結果 アラザンもじしゃくにくっつかなかった。

わかったこと じしゃくは電気とはちがい，金ぞくでも鉄以外はくっつかない。

第一次 第2時 ワークシート② 「じしゃくの引きつける力」

目標 磁石の引きつける力が，紙などでさえぎったり，少し離したり，水につけたりしても働くことを予想をたてて実験で明らかにすることができるようにする。

準備物
- □棒磁石 □下敷き
- □クリップ □ひも
- □テープ □コップ

授業の流れ

①磁石の引きつける力がどこまで及ぶのか予想を立てる。

↓

②間に物を挟んだり，少し離したり，水に入れたりして確かめる。

↓

③実験で分かったことをワークシートにまとめる。

指導のポイント

- 直接接触しなければ電気は流れませんが，磁石の場合は少し離したり，間に物をはさんだりしても力を及ぼします。
- 身の回りには磁石を使った物がたくさんあります。電車の切符やキャッシュカードなど磁石の性質が使われているものや電気器具に磁石を近づけると壊れたり使えなくなったりすることがあります。しかも，磁石の力は少し離れていても影響を及ぼしますので，ネオジムなどの強力な磁石の置き場所にはよく気をつけるよう話してあげてください。

ワークシート②

1月12日 天気 はれ 気温 5℃
磁石の性質　3年 1組 名前 福井 広和

めあて じしゃくの引きつける力をしらべよう

問い4 下じきの上にクリップをのせ，下からじしゃくを動かしたらどうなるでしょう
予想 間に物があるとつかない。
結果 電気とちがってじしゃくはあいだに物があってもくっついた。

問い5 糸をつけて机にテープでとめたクリップにじしゃくをつけ，上に引くと，どうなるでしょう
予想 はなれたとたんに落ちる。
結果 電気とちがってじしゃくは少しはなれてもくっついた。

問い6 じしゃくにクリップをつけたまま水の中に入れると，クリップはどうなるでしょう
予想 ポトンと落ちる。
結果 電気とちがってじしゃくは水の中でもくっついた。

9 磁石の性質

解説とワークシートの解答

第二次 第1時 ワークシート③「じしゃくのよく引きつけるところ」

目標 磁石には鉄をよく引きつける所があることを実験で確かめるとともに，N極・S極という用語を知る。

準備物
- □ 棒磁石
- □ 大量のクリップ

授業の流れ

① 磁石に鉄をつけて引き離したり大量の鉄をつけたりして極の存在を確かめる。

② 磁石の鉄をよく引きつける所(極)についてワークシートにまとめる。

③ 磁石にN極・S極があることを知る。

指導のポイント

● ここでは磁石の極について学習します。子ども達の中には，磁石というものは全体に磁力があると考えている子が少なくありません。磁石の真ん中辺りは磁力が弱いということは子どもにとっては驚きの発見なのです。

● 磁力の様子を見る方法としてはゼムクリップを使うのが一般的であり，子ども達がやっても安全ですが，モールを1cm位に切って使う方法もあります。モールは手芸屋に売っていて，いろんな色を使うとキレイです。さらに別法としては，砂鉄を植物油やPVAのりに混ぜてチャック付きビニール袋に入れる方法もあります。

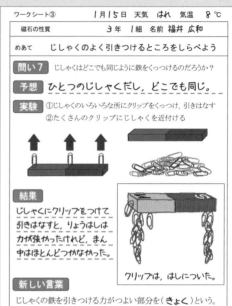

第二次 第2時 ワークシート④「2つのじしゃくを近づけると」

目標 2つの磁石の極を近づける実験を通して，異極は引き合い，同極は退け合うことに気付くことができるようにする。

準備物
- □ 棒磁石2個
- □ 丸い色鉛筆6本

授業の流れ

① 2つの磁石を近付けるとどうなるか予想を立てる。

② 2つの極の組み合わせを考えて実験で確かめる。

③ 異極と同極の場合を考えてワークシートに分かったことをまとめる。

指導のポイント

● この実験は丸い色鉛筆をコロとして使うことで，離れた所にある2つの磁石が見えない力によって引き合ったり，退け合ったりする様子をしっかり観察することができます。この見えない力は問題4で確かめたように紙を間にはさんでも働き，磁力の不思議さ面白さを感じることができます。

● 同じ実験をコロを使わず手に持って行うこともできます。この場合は，同極の引き合う力や異極の退け合う力を体感することができます。特に異極を近付けた時のぶるんっとした感触はやみつきになりそうです。

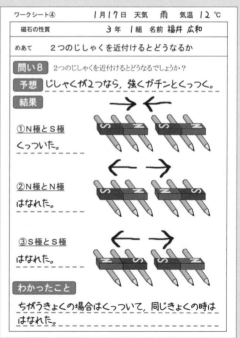

解説とワークシートの解答

第三次 第1時 ワークシート⑤ 「じしゃくがとまる極の向き」

目標 磁石を自由に動くようにした時にとまる向きにきまりがあるかいろいろな場所で調べ，N極が北を指すようにとまることに気付くことができるようにする。

準備物
- □ 棒磁石　□ 水槽
- □ スチロールトレー
- □ ひも　□ U型磁石

授業の流れ

① 水槽に棒磁石を浮かべどちらの向きに止まるか調べる。

② ひもでU型磁石をつるし，いろいろな場所でどちらの向きに止まるか調べる。

③ 調べたことをもとにワークシートに磁石がとまる極の向きについてまとめる。

指導のポイント

● 磁石を糸に吊すなどして自由に動くようにするとN極が北を指します。北には何があるのでしょう。昔の人は北極星が磁石を引き寄せていると考えました。もし，そうであれば北に行けばいくほど高度が高くなる北極星に向かって磁石も上を指すはずです。しかし，実際には北に行くほど磁石は下を向くのです。これは地球が大きな磁石だからで，地球の磁北を指すので北極付近では下向きになるのです。手元の小さな磁石と大きな地球とが結ばれているロマンを子ども達に味わわせてあげてください。

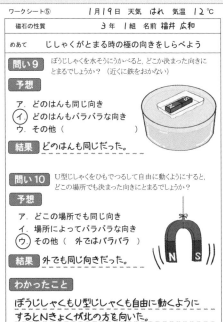

ワークシート⑤　1月19日　天気 はれ　気温 12℃
磁石の性質　3年 1組　名前 福井 広和
めあて　じしゃくがとまる時の極の向きをしらべよう

問い9 ぼうじしゃくを水そうにうかべると，どこか決まった向きにとまるでしょうか？（近くに鉄をおかない）
予想
ア．どのはんも同じ向き
(イ)．どのはんもバラバラな向き
ウ．その他（　　　）
結果 どのはんも同じだった。

問い10 U型じしゃくをひもでつるして自由に動くようにすると，どこの場所でも決まった向きにとまるでしょうか？
予想
ア．どこの場所でも同じ向き
イ．場所によってバラバラな向き
(ウ)．その他（ 外ではバラバラ ）
結果 外でも同じ向きだった。

わかったこと
ぼうじしゃくもU型じしゃくも自由に動くようにするとNきょくが北の方を向いた。

第三次 第2時 ワークシート⑥ 「じしゃくにつけた鉄」

目標 磁石をこすりつけて釘を磁化させ，できた釘磁石の性質を普通の磁石と比べながら調べることができるようにする。

準備物
- □ 強い磁石　□ 釘（大・小）
- □ ひも　□ 水槽　□ スチロールトレイ
- □ 方位磁針

授業の流れ

① 磁石に2本の釘をつけると2本とも磁化することを予想して確かめる。

② 磁化させた大きめの釘の性質を普通の磁石とくらべながら調べる。

③ くぎを磁化させて分かったことをワークシートにまとめる。

指導のポイント

● 自分で磁石を作ろうとしてもなかなか磁石にならないことがあります。その原因の一つとして軟鉄と鋼鉄の違いが考えられます。
軟鉄というのは鉄を真っ赤になるまで熱した後で静かに自然放熱したもので，曲げると柔らかい鉄です。軟鉄はいくら磁石でこすっても弱い磁石にしかなりません。一方鋼鉄は熱した後水などで一気に冷却した硬い鉄です。鋼鉄は磁石になりやすい性質を持っています。授業の前に磁石になる鉄かどうか予備実験してください。

ワークシート⑥　1月22日　天気 雪　気温 3℃
磁石の性質　3年 1組　名前 福井 広和
めあて　じしゃくにつけた鉄はじしゃくになるか

問い11 じしゃくにくぎをぶらさげ，その下にもう1本くぎをつけ上のくぎをそっとじしゃくからはなすと，2本のくぎはどうなるでしょう
予想
ア．2本はくっついたまま
(イ)．2本ははなれる
ウ．その他（　　　）
結果 2本はくっついたままだった。

くぎじしゃくを作ろう
大きめのくぎにじしゃくを同じ方向にこすりつけて，くぎをじしゃくにします。
できた「くぎじしゃく」はふつうのじしゃくと同じでしょうか？

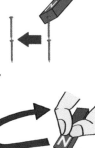

結果
じしゃくにこすってできた「くぎじしゃく」も，水の上にうかべたら北の方を向いてとまった。2本のくぎを近付けたら，引き合ったり，しりぞけあったりした。

9 磁石の性質

解説とワークシートの解答

第四次 第1時 ワークシート⑦「おもちゃ作りの計画」

目標 磁石の性質を利用して，おもちゃ作りの計画を立てることができるようにする。

準備物 □自分で考えた工作に必要な材料や道具

授業の流れ

① 本やパソコンなどで調べて，どんな工作にするか考える。

↓

② ワークシートに準備物や設計図を書く。

↓

③ 材料を集め，磁石の性質を活かした玩具を作る。

指導のポイント

- 本時はこれまでの学習を応用したおもちゃ作りの計画をします。同じ極では反発し異なる極では引き合うこと。少し離れていても磁石の力は及ぶこと。自由に動くようにすると南北を指すこと…など，学習してきたことが作品に生きるようにアドバイスしてください。
- まずは見本を作ってみてください。作っているうちに先生自身が磁石の面白さに気付くと思いますので，それを子ども達に伝えてあげてください。理科好きな子どもを創るには，まず先生自身が理科を好きになること，それが近道です。

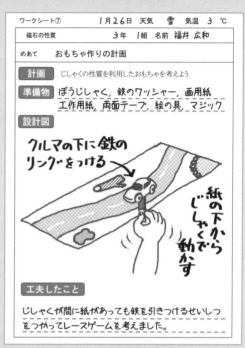

第四次 第2時 ワークシート⑧「おもちゃ作りと発表会」

目標 磁石の性質を利用したおもちゃや道具の仕組みについて発表し，互いの作品の良さに気付くことができるようにする。

準備物 □磁石の仕組みを使った玩具や道具

授業の流れ

① 自分の作った作品の特徴や仕組みについて発表する。

↓

② 友達の発表を聴き，分からない仕組みについて質問する。

↓

③ 友達の作品の良い所をワークシートに記録する。

指導のポイント

- 電気の学習で行った経験をもとに計画から製作，発表まで総合的に活動させましょう。見通しをもった活動の経験が次の4年生以降の理科や総合的な学習に生きてきます。
- 評価の観点としては単元で学習した磁石に鉄が引き寄せられること，磁石には極があり異極は引き合い，同極は退け合うことなどの性質を利用した作品ができていれば本単元における知識及び技能は十分に育っていると言えます。自分が工夫したことを伝える表現力や試行錯誤しながら作品を仕上げていく学びに向かう力なども評価してください。

ポイント解説

砂鉄集めのススメ

　砂場などで砂鉄を集め，それを使ってあそびましょう。

　砂鉄を直接磁石で集めようとすると，磁石にくっついた砂鉄がなかなか離れなくて苦労します。ポリ袋の中に磁石を入れて砂鉄を集め，ポリ袋から磁石を出すと砂鉄がポロポロ落ちていきます。これを紙などで受けてやれば，簡単に集めることができるのです。

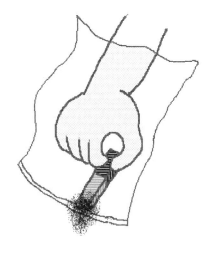

　砂鉄遊びの時に，もし磁石の極の辺りにたくさんの砂鉄がつくことを発見した子どもがいたら，大いにほめてあげてください。すばらしいです！

　砂鉄というのは鉄ではありません。磁鉄鉱という岩石のくだけて小さくなったものです。かつて，子ども達がたくさん砂鉄をとれるようにと考えて砂場に鉄粉をまいた優しい先生がおられました。翌日学校に行くと，子ども達が大騒ぎしています。あわてて砂場に行ってみると，一面真っ赤になっていました。そうです。砂鉄と違って鉄粉はサビてしまうのですね。

　砂鉄がたくさん欲しいなら，海辺にドライブに行くとよいです。砂浜に黒い帯状のしま模様が見えたなら，それはたぶん砂鉄の集まりです。波に洗われて，同じ比重の砂鉄だけがベルト状に集まっているのです。強力磁石を持っていくと実に面白いくらい砂鉄が採れます。

　たくさん砂鉄が手に入ったら，画用紙に顔を描き，その上に砂鉄をまき，下から磁石で髪やひげを動かす百面相ごっこをすると楽しいですよ。また，コップやチャック付きビニル袋の中に水や油と砂鉄を入れて磁石で操る遊びも楽しいです。

ワークシート①	月　　日　天気　　　　気温　　　　℃
磁石の性質	年　　組　名前

めあて　　じしゃくにつく物／つかない物をしらべよう

問い1　紙・プラスチック・ガラス・木・くぎはじしゃくにつくでしょうか？

予想　_____

結果　_____

問い2　1円玉（アルミニウム），5円玉（真ちゅう），10円玉（銅），100円玉（白銅），千円札，はじしゃくにつくでしょうか？

予想　_____

理由　_____

結果　じしゃくについた物…○，つかなかった物…×

1円玉	5円玉	10円玉	100円玉	千円札

問い3　アラザン（銀）はじしゃくにつくでしょうか？

予想　_____

結果　_____

わかったこと

_____

_____

ワークシート②	月　日　天気　　　気温　　℃
磁石の性質	年　組　名前

めあて	じしゃくの引きつける力をしらべよう

問い4　下じきの上にクリップをのせ，下からじしゃくを動かしたらどうなるでしょう

予想　- -

結果　- -

問い5　糸をつけて机にテープとめたクリップにじしゃくをつけ，上に引くと，どうなるでしょう

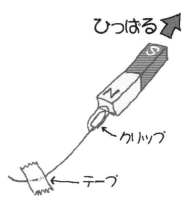

予想　- -

結果　- -

問い6　じしゃくにクリップをつけたまま水の中に入れると，クリップはどうなるでしょう

予想　- -

結果　- -

ワークシート③	月　日　天気　　　気温　　　℃
磁石の性質	年　組　名前

めあて　じしゃくのよく引きつけるところをしらべよう

問い7　じしゃくはどこでも同じように鉄をくっつけるのだろうか？

予想

実験　①じしゃくのいろいろな所にクリップをくっつけ，引きはなす
②たくさんのクリップにじしゃくを近付ける

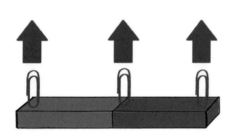

結果

新しい言葉

じしゃくの鉄を引きつける力がつよい部分を（　　　）という。

じしゃくには（　　　）と（　　　）がある。

ワークシート④	月　　日　天気　　　　気温　　　　℃
磁石の性質	年　　組　名前

めあて	２つのじしゃくを近付けるとどうなるか

問い８　２つのじしゃくを近付けるとどうなるでしょうか？

予想 --

結果

①Ｎ極とＳ極

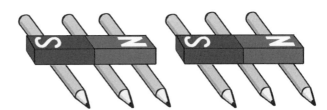

----

②Ｎ極とＮ極

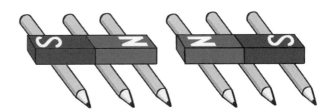

----

③Ｓ極とＳ極

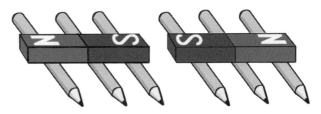

わかったこと

ワークシート⑤	月　　日　天気　　　気温　　　℃
磁石の性質	年　　組　名前

めあて	じしゃくがとまる時の極の向きをしらべよう

問い9　ぼうじしゃくを水そうにうかべると，どこか決まった向きにとまるでしょうか？　（近くに鉄をおかない）

予想

ア．どのはんも同じ向き
イ．どのはんもバラバラな向き
ウ．その他（　　　　　　　　）

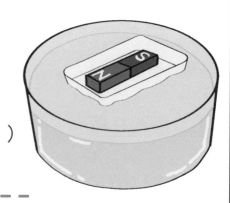

結果　------------------------

問い10　U型じしゃくをひもでつるして自由に動くようにすると，どこの場所でも決まった向きにとまるでしょうか？

予想

ア．どこの場所でも同じ向き
イ．場所によってバラバラな向き
ウ．その他（　　　　　　　　）

結果　------------------------

わかったこと

ワークシート⑥	月　日　天気　　　気温　　　℃
磁石の性質	年　組　名前

めあて　　じしゃくにつけた鉄はじしゃくになるか

問い11　じしゃくにくぎをぶらさげ，その下にもう1本くぎをつけ上のくぎをそっとじしゃくからはなすと，2本のくぎはどうなるでしょう

予想

ア．2本はくっついたまま
イ．2本ははなれる
ウ．その他（　　　　　　　　）

結果

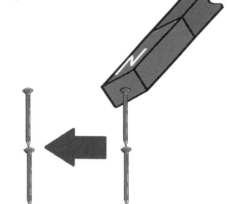

くぎじしゃくを作ろう

大きめのくぎにじしゃくを同じ方向にこすりつけて，くぎをじしゃくにします。
できた「くぎじしゃく」はふつうのじしゃくと同じでしょうか？

結果

ワークシート⑦	月　　日　天気　　　　気温　　　℃

| 磁石の性質 | 年　　組　名前 |

めあて　おもちゃ作りの計画

計画　じしゃくの性質を利用したおもちゃを考えよう

準備物

設計図

工夫したこと

ワークシート⑧	月　日　天気　　　気温　　　℃
磁石の性質	年　組　名前

めあて	おもちゃ作りと発表会

発表会　　友達の作品をみて「すごい」と思ったことを書こう

友達の作品

10 物と重さ

3年生では算数にも同様の単元があります。「g」や「kg」などの単位を知り，重さの違いやはかり方などを学習します。そのため，算数を済ませてから理科の学習を始める方が重さについての認識が深まるのではないかと考えます。上皿天秤と自動台ばかり，電子天秤もこの単元で使用します。しっかりと操作の基礎を押さえておきたいところです。

育成する資質・能力

【知識及び技能】

①物は，形が変わっても重さは変わらないこと
②物は，体積が同じでも重さは違うことがあること

を理解する。

【思考力，判断力，表現力等】

重さを比較しながら調べる活動を通して，物の形や体積と重さとの関係についての問題を見いだし，表現する。

【学びに向かう力，人間性等】

差異点や共通点から問題を見いだす力や主体的に問題解決しようとする態度を育成する。

単元の構成　※丸付数字はワークシートの番号

第一次　身の回りの物の重さ比べ
第1時　重さって何？…①
第2時　身の回りの物の重さを比べる…②

第二次　物の形と重さ
第1時　上皿天秤の使い方を知る…③
第2時　身の回りの物の重さをてんびんではかる…④
第3時　物は形が変わると重さも変わるか調べる…⑤
第4時　物の形と重さについてもっと調べる…⑥

第三次　物の体積と重さ
第1時　電子天秤の使い方を知る…⑦
第2時　同じ体積の物の重さ比べ…⑧

解説とワークシートの解答

第一次 第1時 ワークシート① 「重さって何?」

目標 身の回りの生活を振り返る活動を通して,物には重さがあり,それは量として数字で表せることを思い出すことができるようにする。

準備物 □体重計や重いカバン,買い物袋を持ったお母さん,ボーリングのボールなど,重さを感じさせる画像
（ネットで探してプレゼンできるように準備しておく。）

授業の流れ

①重さを感じた経験について出し合い,学習への興味・関心をもたせる。

②重さの単位や記号を思い出し,ワークシートに書く。

③身の回りにある重さの表記に関心をもち探す。

指導のポイント

● 本時は物には重さがあること,それは量であり数字で表せることを理解させたいです。同時に手の感覚が意外に正確であることも体験させたいですね。お寿司屋さんはシャリの18gを握った感覚だけで分かるそうです。

● 速度（km/時）や重さ（kg）,長さ（km）を日常的に「キロ」と言い,cmを「センチ」と言いますが,授業では重さをきちんと意識させるため「キログラム」と言うように習慣づけましょう。

ワークシート① 2月 5日 天気 はれ 気温 4℃

物と重さ　　　3年 1組 名前 國眼 厚志

めあて　「重さ」って何だったかな

しつ問 「重さ」をどんなときにかんじますか？
・体重をはかるとき。
・教科書がいっぱい入ったランドセルをせおうとき。
・買い物ぶくろを持ったとき。
・友だちをおんぶするとき。

しつ問 「重さ」はどんな記号で表したでしょうか？
・g（グラム）　・kg（キログラム）
・mg（ミリグラム）　・t（トン）
・ポンド　・貫（かん）

しつ問 重さの記号はどこに書いてありましたか？
・体重計　・トラックのに台　・シャベルカー
・キッチンスケール　・缶づめ　・パスタのふくろ
・エレベーター

第一次 第2時 ワークシート② 「身の回りの物の重さを比べる」

目標 身の回りの物を手ごたえや台ばかりで調べる活動を通して,物の重さをはかることに対する興味・関心をもつことができるようにする。

準備物 □磁石の仕組みを使った玩具や道具

授業の流れ

①身の回りにある物の重さを手ごたえではかり,順に並べる。

②台ばかりを用いて実際の重さをはかり,手ごたえの予想と比べる。

③手ごたえと測定器具の違いをワークシートにまとめる。

指導のポイント

● 手で持った感覚が意外に正確だと言うことが分かればいいです。しかし,それは数値化できないので台ばかりという機器が必要なのだと理解すれば誰でも同じ基準で測定できることの便利さに気付くことでしょう。

● 時間的な余裕がない時はワークシート①②を合わせて1時間授業としても構いません。「重さが地球の中心に向かって引っ張る力である」ということまで触れられたら素晴らしいのですが。

ワークシート② 2月 7日 天気 はれ 気温 5℃

物と重さ　　　3年 1組 名前 國眼 厚志

めあて 身の回りの物の重さをくらべよう

しつ問 手で持ってくらべて重さのちがいがわかるだろうか？
わかる。ずしりと手ごたえがある。

実験 いろいろな物を持って重い物から軽い物までじゅんばんにならべよう

1	2	3	4	5	6
パンチ	のり	ノート	はさみ	ペン	めがね

重い← 　　　　　　　　　　→軽い

実験 いろいろな物を自動台ばかりではかって,重い物から軽い物までじゅんばんにならべよう

1	2	3	4	5	6
パンチ	ノート	はさみ	めがね	のり	ペン

重い← 　　　　　　　　　　→軽い

わかったこと
手ごたえで重さはかなり分かる。
でもびみょうなところは台ばかりでないと分からない。
台ばかりは重さが数字で分かるから,くらべやすかった。

10 物と重さ

解説とワークシートの解答

第二次 第1時 ワークシート③ 「上皿天秤の使い方を知る」

目標 上皿天秤の仕組みや使用上のきまりを学び練習する活動を通して、上皿天秤の使い方に慣れるようにする。

準備物
- □上皿天秤（班の数） □薬包紙
- □プラスチックカップ □子どもの筆箱の中にある物、教室にある物等

授業の流れ

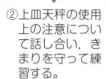

① 上皿天秤の使い方をワークシートに整理する。

② 上皿天秤の使用上の注意について話し合い、きまりを守って練習する。

③ 上皿天秤を使っていろいろな物の重さ比べをする。

指導のポイント

● ここでは質量を量る上皿天秤ではなく、簡易型の大型天秤を用います。分銅の扱い等は4年生以上で行います。
簡易型上皿天秤を上手に扱うことができれば本格的な上皿天秤も扱えるようになります。3年生では分銅やピンセットは箱にしまい、使わせないようにしておきましょう。

● 事前調節の大切さを教えておきたいです。「調節おもり」は大変便利で誰でも必ず釣り合いが取れます。「釣り合っている」とは「左右に同じように振れる」ということで実験を始めましょう。

ワークシート③　2月9日　天気 はれ　気温 9℃
物と重さ　3年 1組 名前 國眼 厚志
めあて　上皿天びんの使い方を知ろう

使い方
① てんびんは平らなところで使う。
② 左右のつり合いをたしかめる。
③ つり合わない時はちょうせつ重りを動かす。
④ はりがまん中にくるようにする。
⑤ 皿にはかるものを静かにのせる。
⑥ 皿が下がった方が重い。

（図：皿、はり、ちょうせつ重り）

わかったこと
① よごれそうな物をはかる時は両方にカップをのせる。
② 皿が下がった方が重い。はりがまん中だと同じ重さ。

第二次 第2時 ワークシート④ 「身の回りの物の重さをてんびんではかる」

目標 身の回りの物の重さ比べをする活動を通して、自分の重さの感覚と実際の重さの違いに気付くことができるようにする。

準備物
- □上皿天秤（班の数）
- □子どもの筆箱や机の中にある物、教室にある物

授業の流れ

① 身の回りにある同じくらいの重さの物を2つ用意する。

② どちらが重いか予想をたて、上皿天秤で重さをくらべる。

③ 結果をワークシートにまとめ、重さ比べの感想を書く。

指導のポイント

● ここでは上皿天秤がきちんと使えるようにするとともに、自分の重さの感覚を確かめさせます。

● まずは班でこれとこれは重さが近いという物を何組か集め、予想で「○」をつけます。全員の予想が出たら順番に天秤に載せていきます。個々の重さ感覚がどの程度合っているか確かめたいですね。実はかなり正確なのです。重さは手にずしりとくる感覚であることを体感した上で、天秤が下がって測定できることを理解させます。同じ物が置き方の違いでどうなる発展学習として質問します。

ワークシート④　2月12日　天気 はれ　気温 6℃
物と重さ　3年 1組 名前 國眼 厚志
めあて　身の回りの物の重さを上皿てんびんでくらべよう

しつ問 同じくらいと思う物の重さをくらべてみよう

【やりかた】
1. 重さが同じくらいだと思う物を2つ用意する。
2. 手でもって「重い」と思う方の予想のわくに「○」を書く。
3. 上皿てんびんにのせて、本当に重かった方の結果のわくに「◎」を書く。

結果		予想			結果
	えんぴつ	○		けしゴム	◎
◎	ふでばこ	○		ノート	
◎	はさみ	○		ボールペン	
	じょうぎ	○		三角じょうぎ	◎
	大クリップ5こ	○		小クリップ10こ	◎
△	本（ねかす）	△	△	本（立てる）	△
	めがね		○	めがねケース	◎
◎	ハンカチ	○		ティッシュ	

感想
重さくらべは楽しかった。けっこう予想が当たった。

解説とワークシートの解答

第二次 第3時 ワークシート⑤ 「物は形が変わると重さも変わるか調べる」

目標 粘土の形を変えて，その前後で重さが変わるか手ごたえや上皿天秤で調べる活動を通して，物は形が変わっても重さが変わらないことに気付くことができるようにする。

準備物 □上皿天秤（班の数） □粘土

授業の流れ

① 粘土の形を変えると重さも変わるかどうか予想をたてる。

↓

② 粘土の形を変えて，手ごたえや上皿天秤で重さが変わったか調べる。

↓

③ 分かったことをワークシートにまとめる。

指導のポイント

● 本時は粘土を用いて形が変わると重さも変わるか調べさせます。物質を構成する粒子が増えたり減ったりしなければ形が変わっても重さは変わらないという考え方を身に付けさせたいですね。最終的には「質量保存の法則」につながります。

● まずは上皿天秤できちんと粘土をつり合わせます。次に，一方の形を変えます。その際手に付いたりこぼれたりすると正確な実験にならないことに気付かせます。そして再び皿に載せ，重さをくらべます。電子天秤だと微妙な0.1gの差が出てしまうので必ず上皿天秤で行いましょう。

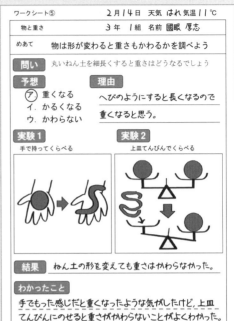

ワークシート⑤　2月14日 天気 はれ 気温 11℃
物と重さ　3年 1組 名前 國眼 厚志

めあて 物は形が変わると重さもかわるかを調べよう

問い 丸いねん土を細長くすると重さはどうなるでしょう

予想
ア．重くなる
イ．かるくなる
ウ．かわらない

理由 へびのようにすると長くなるので重くなると思う。

実験1 手で持ってくらべる

実験2 上皿てんびんでくらべる

結果 ねん土の形を変えても重さはかわらなかった。

わかったこと 手でもった感じだと重くなったような気がしたけど，上皿てんびんにのせると重さがかわらないことがよくわかった。

第二次 第4時 ワークシート⑥ 「物の形と重さについてもっと調べる」

目標 アルミホイルの形を自由に変えても重さが変わらないかを調べる活動を通して，物の重さは形とは関係ないという概念を確かなものにする。

準備物 □上皿天秤（班の数） □アルミホイル □粘土，コピー用紙等

授業の流れ

① アルミホイルを変形しても重さは変わらないか予想する。

↓

② アルミホイルをいろいろな形に変形して重さが変わるか確かめる。

↓

③ 実験で分かったことをワークシートにまとめる。

指導のポイント

● 本時は粘土やアルミホイルでいろいろな形を作り，形と重さとの関連を調べさせます。これは前時の実験をさらに発展させたものです。予想通りになると思われますが，1回の実験だけでなく，時間をかけて繰り返し行うことで児童のもつ重さの概念を変えていきます。実験は他の材料や条件で確かめることが大切だということに気付かせたいですね。

● いろんな形を作って確かめさせたいところです。アルミホイルでいろいろな形を作ったり細かく切ってみたりするのもいいでしょう。

ワークシート⑥　2月16日 天気 はれ 気温 11℃
物と重さ　3年 1組 名前 國眼 厚志

めあて 物の形と重さをについてもっと調べよう

問い アルミホイルの形をいろいろかえてもつり合うだろうか

①かためる　②うすくする　③半円にする
④四角にする　⑤三角にする　⑥細かくする

予想 どんな形にしても重さはかわらない

理由 ねん土の時は形を変えても重さがかわらなかった

実験 重さの変化　てんびんがつりあう…○　つりあわない…×

形	重さ	形	重さ
①かためる	○	④四角にする	○
②うすくする	○	⑤三角にする	○
③半円にする	○	⑥細かくする	○

結果 どんな形にしても重さは変わらない

わかったこと 物は増やしたり減らしたりしなければ重さはかわらない。

133

10 物と重さ

解説とワークシートの解答

第三次 第1時 ワークシート⑦ 「電子天秤の使い方を知る」

目標 電子天秤の仕組みや使用上のきまりを学び練習する活動を通して，上皿天秤の使い方に慣れるようにする。

準備物
- □電子天秤（班の数）
- □子どもの筆箱や机の中にある物，教室にある物

授業の流れ
1. 電子天秤の使い方をワークシートに整理する。
2. 電子天秤の使用上の注意について話し合い，きまりを守って練習する。
3. ○子天秤を使っていろいろな物の重さを調べる。

指導のポイント
- ここでは多くの学校で導入されている電子天秤の使い方を学ばせます。重さの比較ではなく○gと数値で出てくるので重さはその物の固有の値であることを学ばせたいです。時間があれば粉末や液体の重さを量る練習をするのもいいですね。
- 電子天秤では最初に容器を載せゼロボタンを押すと風袋（容器の重さ）を気にせず内容量だけを計ることができます。0.1gの重さまで量れる物もありますが，そこまで必要かどうか，誤差についても言及できればさらに深まります。

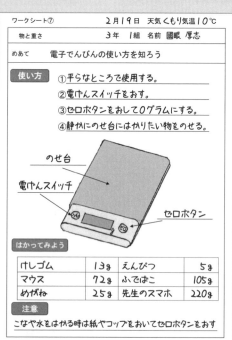

第三次 第2時 ワークシート⑧ 「同じ体積の物の重さ比べ」

目標 同じ体積の物の重さを電子天秤で調べる活動を通して，物は同じ体積でも重さが違うことがあることに気付くことができるようにする。

準備物
- □電子天秤（班の数）
- □重さ比較素材セット（班の数分）

授業の流れ
1. 同じ体積の物は同じ重さなのか予想を立てる。
2. 電子天秤を使って重さを調べる。
3. 調べた結果をワークシートに記録し，棒グラフに表す。

指導のポイント
- 本時は同じ体積でも物によって重さが違うことがあることに気付かせます。重さはその物の固有の値であることを学ばせたいです。大きくても軽い物，小さくても重い物があることを知らせます。
- 同じ体積で違う物質を教師が自分で準備するのは大変です。4種程度がパックになっている物の重さ比較素材セットを班の数分購入しましょう。
- 算数で棒グラフを学んだ後なので，簡単なグラフを描かせましょう。

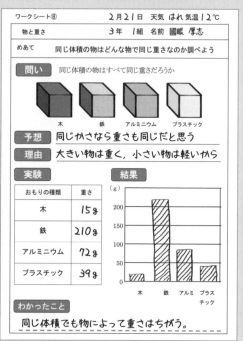

ポイント解説

 単元の魅力

　ある俳優が「自分は味噌屋のせがれなので，しゃもじに載せた味噌が今，何gあるかというのは，ほぼ間違わずにわかる」と言っていました。現場から何年も離れているので，その放送のときはピタリとはなりませんでしたが，その重さの感覚には驚かされました。同様に寿司屋のシャリは18gに決まっているそうです。さらにマグロのときは13gにするそうです。そんな数gのシャリ加減が手のひらでよくわかるものだと感心します。ほんの米粒1つの違いも分けられるのですから。私たちの重さの感覚というのはけっこう優れているもので，重さに限らず，五感を磨くことは大切だという指導はしたいものです。

　重さというのは力であり，物質固有の量である質量とは似て非なるものです。以前は質量1kgの物体が地球の中心に向けて押す力を「1kg重」と表し，重さと質量はとても似ていてイメージ的にもわかりやすかったのですが，今は質量1kgの物体が鉛直下向きに押す力を約10N（ニュートン）と言い，全く別物のように感じます。小学校の間はすべて「重さ」で統一し，数値で出たときは「g」「kg」の質量と考えさせる方がよいでしょう。教師は向きが関わるときのみ「力」と考えておく方がいいと思います。

 測定器もいろいろ

　本単元の学習では実習用上皿天秤を用いるようにしたいです。通常の上皿天秤だと調節ねじの扱いが難しく，なかなか針が中央に来ません。分銅で質量を量る際は上皿天秤，両方の皿で質量を比べる際は実習用上皿天秤と分ける方がよいでしょう。電子天秤も班に1つずつは揃えたいところです。キッチンスケールの1000円程度のもので構いません。0.1gまでの精度が出なくても，そのまま置くとすぐに量れる機器は重要です。特にゼロボタンが付いているので，薬包紙やコップを置いてもすぐにゼロから量ってくれる機能は外せません。しかし，科学的な見方や考え方を育てるには将来的には上皿天秤で薬包紙を両方の皿に載せることや，分銅を丁寧にピンセットで扱うなどのスキルは必要となります。また，自動台ばかりで，針が目盛りの間にきたときに，最小目盛りの10分の1を読む練習も必要です。高精度の電子天秤が班の数分あればよいというのではなく，本編で書いたとおり，実験にはある程度の誤差も許容する天秤がふさわしいこともあります。したがって，4年生以上で学習する通常の上皿天秤，3年生用の実習用上皿天秤，算数でも用いる自動台ばかり，さらに電子天秤と10～200g程度を量る機器は4種類揃えることが理想です。

ワークシート①	月　　日　天気　　　気温　　℃
物と重さ	年　　組　名前

めあて　「重さ」って何だったかな

しつ問　「重さ」をどんなときにかんじますか？

しつ問　「重さ」はどんな記号で表したでしょうか？

しつ問　重さの記号はどこに書いてありましたか？

ワークシート②　　　　　　　　　月　　日　天気　　　気温　　　℃
物と重さ　　　　　　　　　　年　　組　名前

めあて　身の回りの物の重さをくらべよう

しつ問　手で持ってくらべて重さのちがいがわかるだろうか？

_____

実験　いろいろな物を持って重い物から軽い物までじゅんばんにならべよう

1	2	3	4	5	6

重い←　　　　　　　　　　　　　　　　　　　　　　軽い→

実験　いろいろな物を自動台ばかりではかって，重い物から軽い物までじゅんばんにならべよう

1	2	3	4	5	6

重い←　　　　　　　　　　　　　　　　　　　　　　軽い→

わかったこと

ワークシート③   月　日　天気　　気温　　℃

物と重さ　　　　　年　組　名前

めあて　上皿天びんの使い方を知ろう

使い方
① _____
② _____
③ _____
④ _____
⑤ _____
⑥ _____

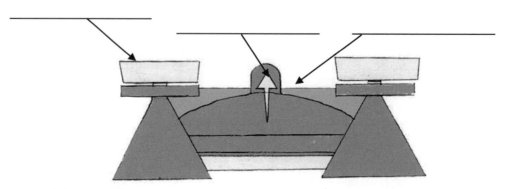

わかったこと
① _____
② _____

ワークシート④   　　　月　　日　天気　　　気温　　℃

| 物と重さ | 年　　組　名前 |

| めあて | 身の回りの物の重さを上皿てんびんでくらべよう |

しつ問　同じくらいと思う物の重さをくらべてみよう

【やりかた】
1. 重さが同じくらいだと思う物を2つ用意する。
2. 手でもって「重い」と思う方の予想のわくに「〇」を書く。
3. 上皿てんびんにのせて，本当に重かった方の結果のわくに「◎」を書く。

結果		予想		結果

感想

ワークシート⑤　　　　　月　日　天気　　気温　　℃

物と重さ　　　　　　　年　組　名前

めあて　物は形が変わると重さもかわるかを調べよう

問い　丸いねん土を細長くすると重さはどうなるでしょう

予想　　　　　理由

ア．重くなる
イ．かるくなる
ウ．かわらない

実験1
手で持ってくらべる

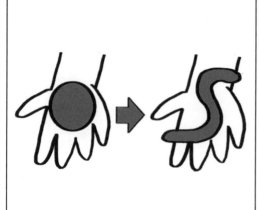

実験2
上皿てんびんでくらべる

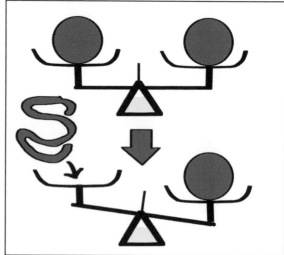

結果

わかったこと

ワークシート⑥	月　　日　天気　　　気温　　　℃
物と重さ	年　　組　名前

めあて	物の形と重さをについてもっと調べよう

問い　アルミホイルの形をいろいろかえてもつり合うだろうか

① _____　② _____　③ _____

④ _____　⑤ _____　⑥ _____

予想　_____

理由　_____

実験　重さの変化　　てんびんがつりあう・・・〇　つりあわない・・・×

形	重さ	形	重さ

結果　_____

わかったこと

ワークシート⑦　　　　　　月　日　天気　　気温　　℃

物と重さ　　　　　　　年　組　名前

めあて　電子でんびんの使い方を知ろう

使い方
① _____
② _____
③ _____
④ _____

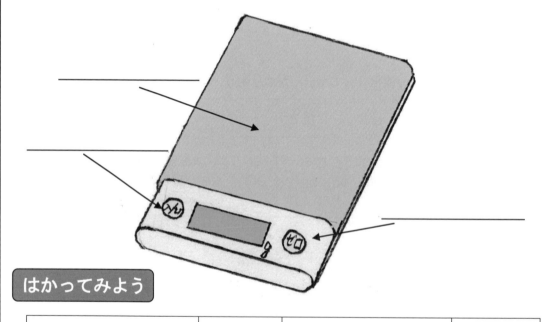

はかってみよう

注意

_____

ワークシート⑧	月　日　天気　　気温　　℃

物と重さ	年　組　名前

めあて　同じ体積の物はどんな物で同じ重さなのか調べよう

問い　同じ体積の物はすべて同じ重さだろうか

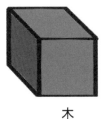 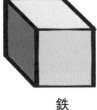 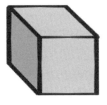 

　　木　　　　鉄　　　アルミニウム　　プラスチック

予想　_____

理由　_____

実験

おもりの種類	重さ
木	
鉄	
アルミニウム	
プラスチック	

結果

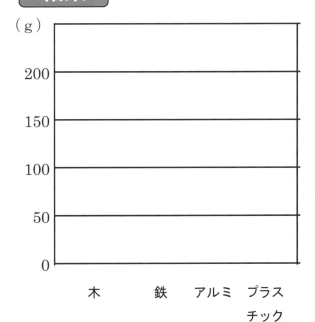

わかったこと

【著者紹介】

福井　広和（ふくい　ひろかず）

1962年，岡山県に生まれる。兵庫教育大学大学院修了。サイエンス・レンジャー（財団法人科学技術振興機構），その道の達人（社団法人日本理科教育振興協会）の一員として全国各地で精力的に科学教室の出前をしている。著書に『はじめてのおもしろ理科実験＆工作』，『かんたん！不思議！100円グッズ実験＆マジック』（以上主婦の友社）がある。小学校教師を29年間勤め，現在，就実大学教育学部教授。〈執筆項目〉5，6，7，8，9

國眼　厚志（こくがん　あつし）

1963年兵庫県に生まれる。岡山大学教育学部卒業，兵庫教育大学大学院修了。中学校理科教師を14年，小学校教師を19年勤め，現在まで自然体験教室，科学実験教室，ICT利活用研究などの講師を精力的に務める。著書に『教師のためのICT活用ネタ70選』『プロジェクター活用で授業は劇的に変わる』『教師のためのラクラク便利帳92選小学校編』『壁新聞で教室が大変身！』『3倍はやくこなせて10倍うまく仕上がる！ 小学校教師の仕事術』『学級担任のための普通教室ICT活用術』『フォーマット活用で誰でもカンタン！ 学級通信ラクラク作成ガイド』（以上明治図書）がある。日本教育情報化振興会総務大臣賞受賞。現在兵庫県朝来市立竹田小学校教諭。〈執筆項目〉2，4，10
ブログ「ザッキンチョ」はこちらから→ http://blog.livedoor.jp/zakkincho/

高田　昌慶（たかた　まさよし）

1956年，兵庫県に生まれる。姫路工業大学応用化学科卒業，兵庫教育大学大学院修了。原体験教育研究会，神戸理科サークル，ゴリラボ・大塩理科研究会所属。実験開発に勤しみながら，青少年のための科学の祭典全国大会や実験実技講習会，科学実験ショー，科学教室などの講師を務める。著書に『わくわくサイエンスマジック』（共著，海竜社）がある。文部科学大臣優秀教員受賞。現在，兵庫県高砂市立北浜小学校教諭。〈執筆項目〉1，3

原体験教育研究会はこちら→ http://gentaiken.sakura.ne.jp
科学体験データベースはこちら→ http://www.jss.or.jp/fukyu/kagaku/
ゴリラボ・大塩理科研究会はこちら→ http://gorillabo.lolipop.jp/gorillabo/

〈3名による共著〉（いずれも明治図書）
『文系教師のための理科授業 note 3・4年編』『同5・6年編』『文系教師のための理科授業入門＆スキルアップ集』『文系教師のためのキットでバッチリ理科授業』『ワークシートでらくらく科学クラブ　Part 2』『同Part 3』『同Part 4』『学校で学べるサバイバル術　ワークシートでらくらく科学クラブ　緊急番外編』『文系教師のための理科授業板書モデル　3年生の全授業』『同4年生』『同5年生』『同6年生』

〔本文イラスト〕木村美穂

文系教師のための理科授業ワークシート 3年生の全授業
全単元・全時間を収録！

2019年4月初版第1刷刊 ©著　者　福井広和・國眼厚志・高田昌慶
　　　　　　　　　　　　発行者　藤　原　光　政
　　　　　　　　　　　　発行所　明治図書出版株式会社
　　　　　　　　　　　　　　　　http://www.meijitosho.co.jp
　　　　　　　　　　　　（企画）木村　悠　（校正）奥野仁美
　　　　　　　　　　　　〒114-0023　東京都北区滝野川7-46-1
　　　　　　　　　　　　振替00160-5-151318　電話03(5907)6702
　　　　　　　　　　　　　　　ご注文窓口　電話03(5907)6668

＊検印省略　　　　　　　組版所　株式会社ライラック

本書の無断コピーは，著作権・出版権にふれます。ご注意ください。
教材部分は，学校の授業過程での使用に限り，複製することができます。

Printed in Japan　　　　　　　　　　ISBN978-4-18-285310-4
もれなくクーポンがもらえる！読者アンケートはこちらから　→